AF314442

LOTERIE NATIONALE

CATALOGUE DES LOTS

PARIS – JANVIER 1872

*Pour la Correspondance, Demande de Billets, Envois de Dons et tous Renseignements,
s'adresser à l'Administration de la Loterie, au Nouvel Opéra, rue Gluck, à Paris.*

SECTION DES ARTS

A

1 ADAM (Clémence Mlle), rue de Vaugirard, 64, *Vénus*, porcelaine.
2 ALDEBERT, à Saint-Maximin, un buste, terre cuite.
3 ALLAIN (Pauline), à St-Calais (Sarthe), *Roses et Liserons*, huile.
4 ALLAR (G.), à Marseille, *Motif d'architecture*, sépia.
5 ALLASSEUR, rue Pétrelle, 22, *Moïse sauvé des eaux*, plâtre.
6 ALOPHE, boul. des Capucines, *Epreuve au charbon.*
7 — — *Le Dernier Ami*, photographie.
8 AMIEL, Marseille, *La Madrague*, huile.
9 ANDRÉ (Edmond), *Une Marine*, aquarelle.
10 ANDRÉ (Jules), rue de Turin, 33, *Une Miniature.*
11 ANDRÉOLE, à Toulon, gravure de Rembrandt.
12 ANONYME, *Un Dessin au Crayon*, par E. Delacroix.
13 — *Jeune Italienne*, aquarelle, par H. Regnault.
14 — *Sujet italien*, dessiné au crayon par O. Roland.
15 — *Paysage*, aquarelle, par Gaitier.
16 — *Le Lion portant l'Amour*, huile, par Perraudin.
17 — *Vaches*, huile.
18 — *Paysage*, huile, par De Bar.
19 — *Sujet religieux.*
20 — *Femme à la Marguerite*, huile, par L. Moreaux.
21 — *Croit entendre sonner le tocsin*, pochade, aquarelle.
22 — *Entend sonner le tocsin*, pochade, aquarelle.
23 — *Fleurs*, aquarelle.
24 — *Perrette*, par Cottin.
25 — *Vue de Lyon.*
26 — *Fleurs*, aquarelle.
27 — *Portrait de femme*, huile.
28 — *Promenade en bateau*, fusain.
29 — *Caravane*, aquarelle.
30 — Une gravure de *Hans Holbein.*
31 — *Sujet religieux*, gravure.
32 — *La Bergère*, photographie.
33 — *La Curée*, aquarelle, par Jules Gelibert.
34 — *L'Hallali*, — —
35 — *Ruth*, gravure; *Suzanne*, gravure.
36 — *Les Adieux de Fontainebleau*, gravure.
37 — *Le Retour de l'île d'Elbe*, gravure.
38 — *J'ai promis mon Cœur*, gravure.
39 — Portrait de Mme Chartons-Demours.
40 — Aquarelle.
41 — —
42 — *Fruits*, chromo-lithographie.
43 — *Guerre de Vendée*, trois gravures.
44 *La Chasse au chacal. — La Chasse au sanglier.*

45 ANONYME, *Paysage*, fusain.
46 — un Dessin aux 2 crayons.
47 — une statuette, bronze.
48 — *Les Exilés de Tibère*, huile.
49 — *Sainte-Catherine*, d'après E. Lavillè, dessin.
50 — *Le Joueur de cornemuse*, gravure d'après Teniers.
51 — *L'Extrême-onction*, gravure.
52 — *Le Coup de vent*, gravure.
53 — *Portrait d'André del Sarto*, gravure.
54 — *Les Charlatans*, gravure.
55 — *La Prière*, aquarelle.
56 — *Un Concert*, gravure.
57 — une statuette, ivoire.
58 — de Toulon, *Arrivée des caravanes au marché d'Alger.*
59 — d'Avignon, *Nature morte*, huile.
59 bis. — de Marseille, une gouache, par V. Courdenay.
60 — *Charles Ier*, lithographie.
61 — *La Vierge.* —
62 — Cachet, bronze.
63 — un presse-papier, bronze.
63 bis — *Hommage du 7e bataillon de la Garde nationale à la ville de Strasbourg*, photographie.
64 ARAGO (E.), 5, r. du 29 Juillet, *Tête de Greuze*, dessin.
65 ARONDEL, à Saint-Malo, *Rocher de Saint-Malo*, huile.
66 AUBIN, *Le Contrebandier*, huile.
67 AUBRY-LECOMTE, 18, boulevard des Invalides, lithographie.
68 — — *Hercule enfant.*
69 — — *Portrait.*
70 — — *Portrait de femme*, d'après Paul Véronèse.
71 — — *Le Christ à la Colonne.*
72 — — *Saint-Michel terrassant Lucifer.*
73 — — *Sujet religieux.*
74 — — *La Marseillaise.*
75 — — —
76 — — *Les Girondins.*
77 AUDRY, 21, rue de Laval, *Paysage*, huile, par Tissarto.
78 AUGUSTINE (Mlle), 3, boul. Saint-Martin, *Paysage*, photographie, par A. Quinet.

B

79 BABOOCK (W), *Bouquet de fleurs*, huile.
80 — *Une Cour en Espagne*, — (L. Lombard).
81 BACAT, 47, rue de Clichy, *Buste d'un enfant*, bronze.
82 BACHARACH, *Le Christ*, ivoire.
83 BALLY (G.), *Marine*, aquarelle.
83 bis BALLOT (G.), boulevard de Strasbourg, *Paysage*, huile.

84 BALLUT, 80, rue Blanche, *Vue de l'Acropole*, aquarelle.
85 BARBARIN (Thomas de), *La Reine de Navarre*, pastel.
86 BARBÉ (Jules), 59, rue Ramey, *Nature morte*, aquarelle.
87 BARBEDIENNE, 30, boul. Poissonnière, *Vénus endormie*, bronze.
88 BARBIER (Mlle), 12, rue Matignon, *Vue de Trouville*, aquarelle.
88 *bis* BARBIER, à Chambéry, un encrier bronze doré, (*Sujet vieil argent*, (Barbedienne).
89 BARBIZET, 15, pl. du Trône, un plat faïence, Bernard de Palissy.
89 *bis* BARDOULAT (Mme V^e), à Saint-Germain-en-Laye, 74, rue de Poissy, 2 Lampadaires avec les lampes.
90 BARNAUD, *Portrait de Henri V*, plâtre.
91 BARNEAUD, Marseille, *Nature morte*, huile.
92 BARRE, 11, quai Conti, *Paysage*, gravure, (Camille Roqueplan).
93 BARRE, 11, quai Conti, *Percier*, une médaille.
94 — — *Jean-Jacques*, une médaille.
95 — — *Ingres*, —
96 — — *Ludovicus XV*, —
97 — — *Roi et Reine des Grecs*, —
98 — — *Dix* jetons en argent.
99 — — Un *Vase couleur*, dessin grec.
100 — — Médaille bronze d'Alexandre.
101 — — —
102 BARRIAS (F.), 34, rue de Bruxelles, *les Syrènes*, huile.
103 BARRY (Arthur), 47, rue Pigalle, *Orphelins* (Hamon), gravure.
104 BASCHET (L.), une étude.
105 BASSARD (Mlle Cécile,) 62, r. Monsieur-le-Prince, *Fleurs*, huile.
106 BASTARD, 10, rue Garancière, une faïence peinte.
107 BAUDRY, au Nouvel Opéra, *Danaé* (copie d'apr. Le Corrège).
108 BEAUCERD, 44, rue Paradis-Poissonnière, dessin.
109 — un dessin encre chine.
110 BEAUJEU (P. de) 11, place Pigalle, *Une Fête à Bacchus*, aquarelle encadrée pour éventail.
111 BEAUCÉ (Vivant), 39, r. d'Alsace, *Pope russe*, huile.
112 BEAUVAIS (Mme), 17, quai Voltaire, *Algérienne*, huile.
113 BEC, à Aix (offert par M. d'Estang-Parade), *Intérieur du couvent des Petites-Maries*.
114 BECQ DE FOUQUIÈRES (Mlle), *Le Couvent*. Aquarelle.
115 BÉGUIN, 12, rue des Lions-St-Paul, *Les Bords de l'Oise*, huile.
116 — — *Entrée du Village*, huile.
117 — — *Paysage*, huile.
118 — — *Villa Réale*, gravure.
119 — — *Eruzione del Vesuvio 1839*. Gravure.
120 — — *The song of the Bell*, Gravure.
121 BELÈME-HASTING, 14, rue de Navarin, *Galerie de l'Exposition de Londres*, grav.
122 — — *Tête de chien*.
123 BELLANGÉ (E.), 57, rue de Douai, *La Défense du canon*, huile.
124 BELLAY, peintre graveur, à Rome, *Femme romaine*, aquarelle.
125 BELLEL, 7, rue de Rougemont, *La Fuite en Egypte*, fusain.
126 BERANGER, *Prairie à Saint-Menet*, huile.
127 BERNIER (B.), 58, boulevard de la Chapelle, *Paysage*, fusain.
128 BERNARD, 81, boulevard Montparnasse, *Francs-Tireurs à l'affût*, huile.
129 BERTHIER (Allibert de), dessin à l'encre, par Constantin.
130 BERTINOT, 27, boulevard Saint-Sulpice, *Portrait de Jules Favre*. Gravure.
131 — — —
132 — — *Tête de Vieillard*. —
133 — — *Jeune femme*. —
134 — — *Marguerite*. —
135 — — *Le Billet doux*. —
136 BEZANCOURT, 17, place du Havre, *Récif dans la mer glaciale*, composition.
137 BIDA, 22, boulevard Saint-Michel, dessin au crayon.
138 BISTAGNE, *Barque de Pêcheurs*, huile.
139 BLACHE, 5, rue de Suresnes, Un Crucifix monté sur bois noir.

140 BLANC (Célestin), *Tête de Femme*.
141 BLANC, *Récréation au Château*, photographie.
142 BLANC, *Chevrière Mauresque*, huile.
143 BLANCARD (Ludovic), 17, rue Pasquier, *Une Halte*, huile.
145 BLANCHARD, 54, rue Madame, Buste en marbre.
146 BLOCK, 58, r. du Château-d'Eau, *Une Tête*, peinture sur porcelaine.
147 BLUHM, *Paysage*, huile.
148 BOWLES (William B.), 12, rue de la Paix, *L'Eclaireur blessé, un Ami du Marais*, un groupe, plâtre.
149 BOISSARD (G.), 48, r. du Faubourg-St-Denis, *Attelage*, crayon.
150 BOISSELET (Mlle), b. Beaumarchais, *Une Famille*, huile.
— — *L'Hiver*, —
151 BOITTE, (H). 1, rue Godot-de-Mauroy, *Maison de Pansa, à Pompéi*, aquarelle.
152 — — *Vue Prise à Sienne*.
152 BOLOGNONI, 2, rue Rotrou, *Chien lisant*.
153 BONCZA, 42, rue Fontaine-Saint-Georges, *Louis XI visitant les prisons*, huile.
154 BONHEUR (J.), 14, impasse Sainte-Elisabeth-d'Enfer, *Un Chameau*, bronze.
155 BONNAIRE, 62, rue Neuve-des-Petits-Champs, *La Fuite en Egypte*, huile.
156 (*A promis*.)
157 BONNEMERE, à Angers, *Le Châtiment*, cire.
157 *bis*. BONNEVILLE (L). à Genève, *Paysage*, huile.
158 BORNAIS, 80, rue de Passy, *Lac*, fusain.
159 BORCHARD (E.), *Derrière le bastion 67*, fusain.
160 BOREL, 4, rue de Nesle, *Ponsard*, médaille bronze.
161 — — *République française*.
162 BOUCHERVILLE (de), 16, rue de Boulogne, *Le Marché*, huile.
163 BOUFFÉ, *Paysage*, aquarelle.
164 BOUILLON-LANDAIS, *Le Rocher de Siboulen*, huile.
165 BOULANGER (G.-R.), 64, r. de la Rochefoucault, *Schérif*, huile.
166 BOUQUET, 56, rue de la Rochefoucault, *Les Grenouilles qui demandent un Roi*, tableau faïence.
167 BOURDON (Mlle Adine), 6, r. Beautreillis, *Souvenir de Reischoffen*, dessin.
168 — (Mlle Camille), — *Une Tête*, dessin.
169 BOURGEOIS, 83, rue de Vaugirard, *L'Automne*, terre cuite.
170 BOURNICHON, 15, r. de Londres, *Paysage*, fusain.
171 BOUSSATON, 39, r. de la Victoire, *Paysage*, huile, (Justin, Ouvrié).
172 — — *Vue de Rogat*, aquarelle.
173 BONTOUX, *La Mère du soldat*, plâtre.
174 BRANDON (Elie), 77, r. d'Amsterdam, *La Drague*, huile (Corot).
175 — — *Tigre en marche*, Delacroix.
176 — — *Une Plage*, aquarelle (Bernard).
177 — — *Buste de Mme Dubarry*.
178 — — *Mercure*, bronze du xviiie siècle, d'après la statue de Jean Bologne.
179 — — un *Lion*, en fonte.
180 — — un *Éléphant*, en fonte.
181 — — Presse-papier, bronze.
182 — — deux petits Vases bleus.
183 — — Panier cristal monté en bronze.
184 — — Panier torsade argent.
184 *bis*. BRANDON (ED.), 77, r. d'Amsterdam, *Louis XVII*, gravé par J.-B. Mennier.
185 BREST (Fabius), 46, rue Lepic, *Baise-mains à Constantinople*, huile.
186 BREYSSE (Auguste), 34, boulevard du Prince-Eugène, *Chevaux de labour*, huile (Fort).
187 BRIGES (de), 3, p. de Rivoli, *Environs de Châtillon*, huile.
188 BROUTY, 42, rue de Trévise, un Album d'Architecture.
189 — — 3 vol. d'architecture.
190 — — 2 mains, bronze.

191 BROWNE (Mme H.), 39, r. Jean-Goujon, *Les Oranges*, haute Égypte, crayon.
192 BRUNEAU, 22, r. des Petites-Écuries, *Un Paysage*, aquarelle.
193 BRUNEAU (Mme Aurélie), rue du Chemin-Vert à Ville-d'Avray. *Fleurs*, aquarelle.
194 BURAT, 14, rue Saint-Lazare, *Nature morte*, aquarelle.
195 BUREAU, 59, rue de Turenne, *Paysage*, huile.
196 BRYON, *Palais des Arts* et *Château-d'Eau*, photographie.

C

197 CALLIAS (Mme de), 18, rue Montalivet, Faïence émaillée.
198 CALLY, 5, rue Tiquetonne, un groupe, biscuit.
199 — — un groupe (Marchi).
200 — — une statuette —
201 CALS, *Les Images*, huile.
202 CAMARET, 150, r. Grenelle-Saint-Germain, *Primevère*, aquarelle.
203 CAMILLE (Mme), 1, rue de l'Odéon, *Tête d'idiot*, huile.
204 CANA (Emile), 5, rue Oberkampf, *Poule et Poussins*, bronze.
205 CANUT, 87, rue Saint-Lazare, *Temple arabe*, photographie.
206 CANUT (Paul), — un porte-allumette, terre cuite.
207 — — — un encrier, bronze et marbre.
208 CARCOUSSI (Mme J.), Étude pour plafond, huile.
209 CARLIER-WACRENIER, *Vierge*, huile, d'après Sasso-Ferrato.
210 CARPEAUX, 71, r. Radot, à Auteuil, *Défense de la patrie*, groupe
211 — — *Mater Dolorosa*, terre cuite.
212 CARPENTIER, 101, Faubourg-Saint-Denis, *Le Printemps*, pastel.
213 CARON, *Les Trois Grâces*, huile.
214 CARON (Jules), *Le Goûter du petit frère*, huile.
215 CARRIER-BELLEUSE, 15, rue de la Tour-d'Auvergne, *Invocation à Hermès*, terre cuite.
216 — *Faune et Bacchante*, terre cuite.
217 CAROT, rue Crozatier, une gravure.
218 — — —
218 *bis* CASTELLI (H.), une peinture sur bois.
219 CARRALON, *L'Embrasure*, huile.
220 CASTELNAU (J. de), 7, r. de l'Odéon, *le Mobile à Villejuif*, huile.
221 — *Franc-Tireur à l'affût*, huile.
222 CATELIN (Adolphe), 54, r. St-Georges, *Le Dilettante d'Avignon*.
223 — — —
224 CAUSSINUS, une statuette plâtre cuivré.
225 CAVELIER, *Pénélope*, statue bronze.
226 CAVELIER (Mme), *Psyché*, terre cuite.
227 CAYOL frères, *Vue intérieure de N.-Dame de la Garde*, photograp.
228 — *Vue extérieure* — —
229 CAZIER (F.), 12, rue Monceaux, *la Vierge*, médaillon.
230 CELLIER, (Mlle) rue Gaillon, un vide-poche, bronze.
231 CHAIGNEAU (F^d), à Barbizon (Seine-et-Marne), *L'Automne*, aquarelle.
232 CHAIX (A.), *Environs de Marseille*, huile.
233 CHAPU, *Jeanne d'Arc*, médaillon bronze.
234 CHAPUZOT (Mme), 2, r. Pasquier, Vase verre Bohême et bronze.
235 — — un porte-allumettes, bronze.
236 — — *Moutons*, Sujet en bois sculpté.
237 CHATROUSSE, 15, r. N^e-d.-Petits-Champs, *Source et Ruisselet*. ph.
238 — — *Jacob Pereire*.
239 — — *Martyr de l'indépendance*.
240 — — —
241 — — —
242 — — —
243 CHATEAUVILLARS (C^sse de), 2, rue de la Pelouse, *Buste*, bronze.
244 CHAVET, 35, avenue de Wagram, *Vert-Vert*.
244 *bis* CHASSERVENT (G.), *Paysage*, huile.
245 CHAUVIER (Léon de), *Étude de Pins*.

246 CHAVANNE (Puvis de), 11, rue Pigalle, *Le Pigeon*, lithographie
247 — — *Le Ballon*, —
248 CHAZAL (C.), 74, rue N.-Dame-des-Champs, *Une Odalisque*, huile.
249 CHEVALIER (Henri), 5, rue Largillière, *La France et l'Alsace*, esquisse.
250 CHEVILLARD, à Barbizon (Seine-et-Marne), *Paysage*, huile.
251 — — *Italienne*, huile.
252 CHOSSELAT, 16, rue de la Tour-d'Auvergne, *Constant Troyon*, médaillon.
253 CHOUAN, 84, rue de Cléry, *Tête de Byron* (médaillon).
254 — — *Tête de Femme*, —
255 — — *Tête de Voltaire*, —
256 — -- *Tête de guerrier*, —
257 — -- *Tête de Béranger*, —
258 — — *Tête de Michel-Ange*, —
259 — — groupe médaillon.
260 — — — —
261 — — — —
262 — — — —
263 — — — —
264 — — *Le Christ*, médaillon.
265 — — *Le Christ*, —
266 — -- *Une Femme nue*, médaillon.
267 — -- *Le Pape*, —
268 — — — —
269 — -- *Béranger* (médaillon).
270 — — *La Renommée* —
271 CHOUAN, 84, rue de Cléry, *La Renommée*, médaillon.
272 CIAPPORI-PUCCHE, 350, r. Saint-Jacques, *Sujet religieux*, dessin.
272 *bis*. — — *Apothéose de Jeanne d'Arc*, photogr.
273 CLAIRIN, 177, rue de Vaugirard, un Gavarni, aquarelle.
274 CLAIRIN (Georges), 62, rue de Rome, *Type espagnol*.
275 CLÉMENT, *Une Pêche*, huile.
276 CLER, 68, rue Saint-Lazare, *Dragon à cheval*, huile.
277 CLIQUOT, *La Colère*, huile (Pigal).
278 — *La Réconciliation*, huile.
279 — *Femme en prière*, huile.
280 COGNIET (Léon), *Tête de Lion*, huile.
281 COLLA, *Paysage*, huile.
282 COLLAS, 26, Impasse du Moulin, *Buste de la République*.
283 COLLÉ et VERANE, *Visite à la Frégate*, par Jullien.
284 COMBES, à Aix, *Route de la Victoire*, huile.
285 CONSTANTIN (F.), *Cavaliers arabes*, huile.
286 CONSUL (Mme), *Suzanne et les deux Vieillards*, dessin.
287 — *L'Amour et le Paon*, dessin.
288 COQUEREL fils, rue de Boulogne, *Bouquet de Roses*, aquarelle.
289 — *Statue de Gutemberg*, Bronze.
290 CORNILLON, 1, rue Saint-Georges, *Une Chasse*, pastel.
291 — — *Vallée de Nougeste* (Vosges).
292 — — *Paysage*, pastel.
293 COROT, 58, rue Paradis-Poissonnière, *Saint-Sébastien*, huile.
294 — — *Paysage*, huile.
294 *bis*. CORPET, 158, rue de Charonne, *Devant l'image de la Vierge*, huile.
294 *ter*. CORTAZZO (O.), tableau religieux, d'après Fillipino Lippi, aquarelle.
295 COSSMANN (M.), 17, r. Duperré, *Souvenirs de la Haute-Saône*, fusain.
296 COUDERÉ, *Fruits*, huile.
297 COULANGE-LAUTREC, *Environs de Toulon*, huile.
297 *bis* COURTET, *Assomption de la Vierge*, bénitier, terre cuite.
298 COUSIN (G.), *Paysage*, huile.
299 CROUZET, *Poissons*, (huile).
300 CUISIN (Ch.), 139, boulevard Saint-Michel, *Marchand de vins traiteur*, huile.
301 CURZON (de), *Le cap Cicié*, près de Toulon, fusain.

302 CUSSINATA (S.), r. de Rome, *Le Gué des Rochers*, paysage, gravure.
303 — — *Environs de Saint-Mammès.* —
304 — — Un Portrait. —
305 — — Un Chalet. —
306 — — Un Portrait. —
307 — — *Un bouton de Rose.* —
308 — — Un portrait de femme. —

D

309 DABOT, 2, rue de la Sorbonne, *L'Ange et Tobie*, huile (Ermels).
310 DAMOYÉ, 66, rue Pigalle, *Montmartre*, étude, huile.
311 DAMPIERRE (la comtesse de), *Paysage*, fusain.
312 — — —
313 — — —
314 DABLIAT (Mme), 5, boul. Ornano, *Tête de femme*, lithographie.
315 — — *Une Jeune fille et un chien* —
316 DARODE, 30, rue Monsieur-le-Prince, *La Philosophie*, —
317 — — —
318 DAUBIGNY, 37, boulevard Clichy, *Une Vue de mer*, huile.
319 DAUBIGNY (Karl), 37, rue Fontaine, *Marine*, huile.
320 DAUDETEAU (René), à Fontenay-le-Comte (Vendée), *Paysage*, fusain.
321 DAUPHIN (H.), *Poules*, huile.
322 DAUTEL (Mme Virginie), 8, rue des Beaux-Arts, *La Lecture*, pastel.
323 DAVID (Mme), 4, r. des Martyrs, *Paysage* par Jean Pellement.
324 DEGER, 11, Faubourg-Poissonnière, *Le Déjeuner.*
325 — — *Amati*, eau-forte.
326 — — *Fileuse normande* (Hamel).
327 — — Un cheval, zinc et bronze.
328 DEGUIROT (Mlle), Une porcelaine peinte.
329 — —
330 DELAFOSSE, 8, rue de Valois, *Diane de Lys*, groupe terre cuite.
331 DELAPIERRE, 46, r. Dulong, *Moulin*, soleil couchant.
331 *bis* DELAPLANCHE (E.), 68, rue d'Assas, *Stella*, buste fait à Rome en 1869.
332 DELATTRE, *Marine*, *Environs de Toulon*, huile.
333 (*A promis.*)
334 DELAUNAY (Arsène), 24, quai des Célestins, *Vue de Paris*, sépia.
335 DELÉAGE, avocat à la Cour de Paris, maire du XIXe arrondissement, 18, rue Turbigo, *Chute du Furens au Gouffre d'enfer*, pastel de Brunet de Boyer.
336 DELESSERT (Mme), 17, rue Renouard, un vase émail.
337 DELEZ (F.), 16, r. de la Tour-d'Auvergne, un petit navire, ivoire.
338 DELIERRE (Auguste), 18, r. St-Dominique, *Le Chien et le faisan*, pastel.
339 — — — *Paysage*, fusain.
340 — — — *Parc de Versailles*, fusain.
341 DENIS, *La Confession.* Tableau transparent.
342 — *Baigneuse.* — —
343 — *Une Sirène.* — —
344 DEROY, Un groupe, Imitation bronze.
345 DEROY (A), 58, rue Amelot, *Chien en arrêt*, bronze.
346 — — *La Jeune Bouquetière.*
347 — — Un groupe, imitation.
348 — — —
348 *bis* — — *Un Chien*, imitation bronze.
348 *ter* DESAVARY (Ch.), à Arras, *Une ferme*, huile.
349 DESBROSSES, 58, rue de Vannes, *Une ménagère.*
350 DESHAYES, 25, rue de la Tour-d'Auvergne, *Paysage*, fusain.
351 DESHAYES (Eugène), *Vue hollandaise*, crayon.
352 DESJARDINS (Isnard), 126, r. Dassas, *Marine*, pastel.
353 — — *Marine*, pastel.
354 — — *Le Billet de logement*, gravure.
355 — — *La Déclaration soufflée*, —
355 *bis* DESMIT, 39, rue de de la Marine, à Dunkerque, *L'orphelin de la guerre*, huile.
356 DESPREZ, 3, rue Boursault, *Lida* (Galimard).
357 DESSORINS 4, (Louis), rue Lallier, *Le Moulin de Bonneuil*, huile.

358 DESTIGNY, *Une ferme*, huile.
359 DETAILLE (E.), 44, rue Blanche, *Sentinelle prussienne*, aquarelle.
360 D'HAUTEL (Virgile), 94, rue du Château-d'Eau, *Fruits*, huile.
361 DIEN (Achille), 3, rue des Beaux-Arts, *Paysage*, fusain.
362 DIDIOT (Mlle), 3, av. des Amandiers, *La Prière*, tableau porcelaine.
363 DIGAT, p. du Panthéon, une assiette avec dessin *la duchesse de Berry.*
364 DOLIVET (E.), 351, rue Saint-Denis, *Fruits*, aquarelle.
365 DOMOLON, 87, boulevard Magenta, *Vue de Réthel*, Ardennes.
366 DONAT-GUILLOT, *Vue de la Villette*, huile.
367 DORIVAL (Mme), 88, rue Richelieu, une gravure.
368 DORTHÈS (B^nne E.), *Fruits*, (huile).
369 DOUBLEMONT (Am.), 13, rue Billault, Bon pour un médaillon.
370 DOUX (Lucile), *Préparatifs de toilette*, huile.
370 *bis* DREUX D'ORCY (de), 4, rue des Cent-Degrés, Sèvres, dessin.
370 *ter* — — — —
371 DUBOUCHER, 66, rue N.-D.-de-Nazareth, *Maraudeur au désert.*
372 DUCE, *Cabane sur les bords du bassin de Réaltort*, huile.
373 DUCLOS (Mlle Marie), 46, r. de la Santé, *Le Gué des Rochères*, gravure.
374 — — *Un portrait de femme*, —
375 — — *Jeune fille.* —
376 — — *Paysage*, eau forte. —
377 — — *Le Moulin.* —
378 — — — —
379 — — *Après l'ondée.* —
380 — — *Le Gué.* —
381 — — *Un vase antique.* —
382 — — *La Cascade.* —
383 — — — —
384 — — *Le Château de Bentheim*, gra.
385 — — *Une bataille*, gravure.
386 — — *Le Matin.* —
387 — — *Le Gué.* —
388 — — *Le Château de Bentheim.* —
389 — — *Le Matin.* —
390 — — *Une Grange.* —
391 — — *Une Forêt.* —
392 — — *Une Fleur*, pastel.
393 — — *Un vase antique*, gravure
394 — — *Une rivière sous bois.* —
395 — — *Vue d'un village.* —
396 — — — —
397 — — *Environs de St-Mammès.* —
398 — — *Après l'ondée.* —
399 — — *Un vase antique.* —
400 DULOCLE (Camille), dir. de l'Opéra-Comique, *Paysage*, fusain d'Adolphe Leleux.
401 DUMAS (N.), *Marine*, huile.
402 DUMAX, rue de Sèvres, 139, *Étang*, fusain.
403 DUMAREST, *Pâtre romain*, huile.
404 DUMONT, rue Dauphine, 17, *Une gravure* d'après G. Doré.
405 DUPLESSY (A.), rue de Boulogne, 15, *Un Intérieur*, huile.
406 DUPREZ (Mlle), rue Turgot, 13, *Nature morte*, huile.
407 DUPUIS (Pierre), 35, rue Capront, bon pour un portrait.
408 DURANGEL (Léopold), *Pour les pauvres blessés*, huile.

E

409 EHRMANN (F.), *Diane*, huile.
410 ERAUD, 23, Chaussée-d'Antin, bon pour un portrait.
411 ESCALLIER (Mme), *nature morte*, huile.
412 ETEX, 2, rue Carnot, *Jeune Vierge allant au martyre*, huile.
413 — — *La Délivrance*, gravure.
414 — — Avant-projet du Grand-Opéra, photogr.
415 — — *Une Captive*, marbre.
416 — — *Groupe d'Hercule*, plâtre.
417 — — *Famille de Caïn*, plâtre.
418 EVRARD et BERTHIER, 106, r. de Turenne, *Jeune Femme*, bronze.

F

419 FABREGUETTES, 47, r. Paradis-Poissonnière, *Fruits*, huile.
420 FAGNON (Ad.), 122 *bis*, rue Saint-Denis, *Paysage*, fusain.
421 FAIVRE (Tony), *Paysan romain*, aquarelle.
422 FAL, (Anatole) 13, rue de Navarin, *Intérieur d'Eglise*, aquarelle.
423 FANELLI (Mme V^e), 22, r. de Lisbonne, *Le Coucher du Soleil*, huile.
424 FANNIÈRES frères, 53, rue de Vaugirard, *Léda*, bronze.
425 FARCHI (A.), 14, r. Grange-Batelière, *Gardeuse de moutons*, aqua.
426 FAUVEL, *Paysage*, huile.
427 FAVERJON, *Diogène*, fusain.
428 — *L'Harmonie*, fusain,
429 FÉLON, 13, rue Thibournery, un Buste.
430 FERGUSON (Edouard), 13, rue d'Hauteville, *Gustave Lambert*, Buste terre cuite.
431 FEUGÈRES-DES-FORT, *Jeune fille*, buste en marbre.
432 FLÉBERT, 71, boulevard Saint-Michel, presse-papier, bronze.
433 FLEURY-FLOBERT, 7, Boulevard St-Michel, *La Justice*, gravure d'après Raphaël.
434 — — *La Théologie*, gravure d'après Raphaël.
435 FLOSI, 96 *bis*, Avenue des Ternes, Buste de *Rossini*.
436 — — — *Mozart*.
437 — — — *Beethoven*.
438 — — — *Haydn*.
439 — — — *Meyerbeer*.
440 FORMSTECHER (Mlle Anna), 122, Faubourg-St-Martin, *La Lecture*, aquarelle.
441 FORTUNY, *L'Idylle*, eau-forte.
442 — *La Victoire*. —
443 — *Arabe veillant le corps de son ami*, eau-forte.
444 — *Kabile mort*. —
445 — *Garde de la Casbah à Tetuan*. —
446 FOURIÉ (Albert), 8, rue de Louvois, *Paysage*, sépia.
447 — — — *Paysage*, fusain d'Allongé.
448 FOURNIER (Paul), 13, r. des Saints-Pères, *Un Bouffon*, gravure.
449 FRANCESCHI (J.), 17, r. Larochefoucault, bon pour un buste en terre cuite.
449 *bis* FRANCASTEL (Paul), 28, rue de Trévise, un groupe faïence, grand feu, *Cresserelle et Sarcelle*.
450 FRANCIA, 8, passage Saulnier, buste de Mgr Bauer.
450 *bis* FRANCESCO (Mme B. de), 23, rue Richelieu, *Vue d'Italie*, crayon.
450 *ter* — — — *Paysage*, crayon.
451 FRAISSINET (E.), *Bords d'Étang*, Provence, huile.
452 FREMIOT (le baron), 94, r. du Faubourg-St-Honoré, *Paysage* aux 2 crayons. par Gicault.
453 — — — *Paysage*, huile.
454 — — — *Jean-Bart*, gravure.
455 FROMAS, 19, rue Cujas, Un tableau Cosmographique.

G

456 GABRIEL, *Barques*, huile.
457 GADEBEUF, 49, avenue Trudaine, *L'Antinoüs*, bronze.
458 GAILLARD, 54, rue Madame, *Jeune Enfant nu*, huile.
459 GAILLARD, un Portrait, eau forte.
460 — *La Vierge à l'enfant*, eau forte.
461 GALBRUN, 9, boulevard de Sarron, *Jeune Fille*, pastel.
462 GALERNE (P.), 27, rue Casimir-Périer, *Intérieur de Cour*, à Colombes, huile.
463 GALIBERT, à Marseille, *Nature morte*, huile.
463 *bis* GALLWEY (Mlle Émeline), 89, rue Neuve-des-Mathurins, *Une Chèvre en cire*.

464 GAMBOGI (Fanny), *Femme arabe*, huile.
465 GAMBOGI, *Italienne*, huile.
466 GARNIER (Ch.), 90, boulevard Saint-Germain, *Eglise Saint-Clément*, à Rome, aquarelle.
467 GARNIER (François), 45, rue de Sèvres, *La Manne*, gravure.
468 — — *La Barque de Saint-Pierre*. —
468 *bis* GARNIER, à Avignon, *L'Hôtel-de-Ville d'Avignon*, photogr.
469 GASSIES (G.), à Barbizon (Seine-et-Marne), *Vue de la forêt de Fontainebleau*, aquarelle.
470 — *Une Forêt*, aquarelle.
470 *bis* GASTELLIER (Zoë), quai Voltaire, *Vue prise de la Meuse*, aquarelle.
471 GAUCHEREL (L.), *D'Arromanches à Asnelle*, gravure.
472 GAULT-DE-SAINT-GERMAIN, 158, F.-St-Martin, *Paysage*, huile.
473 — *Scène d'Intérieur*. huile.
474 GAUTIER, *Martigues*, huile.
475 — (V.) *Pointe du Vallon des Auffes*, huile.
475 *bis* GÉLIBERT (Paul), 47, rue d'Enfer, *Fruits*, huile.
475 *ter* — (Gaston), *Tête de chien*, crayon.
476 GENAUT, 50, rue des Abbesses, *Paysage*, copie de Léon Coignet, huile.
477 GÉNOIS (Henri), 49, b. de Vaugirard, *Hamlet et le Fossoyeur*, huile.
478 GENRY, *Pâturage*, huile.
478 *bis* GÉROME, 5, rue de Bruxelles, *Un Tableau*.
479 GERVAIS, *Rêve d'un Français*, décembre 1870, par Guindon, plâtre.
480 GETHMANN, 2, cours de Vincennes, *Sujet algérien*, en mie de pain.
481 GIGOUX (J.), 30, rue Jules-Favre, *Tête d'enfant*, étude au crayon.
482 GILBERT, 21, Faub.-du-Temple, *Nature morte*, huile.
483 GILBERT, *Jeune Enfant* (Pifferaro).
484 — *Jeune Femme* (la Volupté).
485 — *La Fortune et le Jeune Enfant*.
486 GILBERT, 4, rue des Grands-Degrés, *Enfant mauresque*, grav.
487 GINOUX, à Toulon, *La Source*.
488 GIRARD (J.-N.), 23, r. de Rocroy, *Danseuses grecques*, bronze.

490 GIRAUD (Mme), 22, r. de Verneuil, *Environs de Fontainebleau*, hui.
491 GIROD, d'Alais, *Vue d'Alais*, photographie.
492 GRAMMONT (Mme de), 76, rue d'Assas, *Chien chasseur*, bronze.
493 GRANDCHAMP (P.), 43, rue Pergolèse, *Turc*, aquarelle.
494 GRÉGOIRE (A^{te}), prisonnier de guerre, *Paysage*, fusain.
495 GREBERT, 5, rue Guy-la-Brosse, *Vue du Pont de Mailly*, huile.
496 GRESY, *Site de Provence*, huile.
497 GROBON, 46, rue de Vanves, *Vue de Saint-Malo*, huile.
498 GROISEILLIEZ (Emile de), deux aquarelles.
499 — *Paysage*, huile.
500 GODON (Justin), 37, rue Grange-aux-Belles, *Fleurs*, huile.
501 GOELTAS, Faubourg-Poissonnière, *Paysage*, aquarelle.
502 GOETHALS, *Paysage*, aquarelle.
503 —
504 GONDRAN d'Aix, *quatre vues prises à Aix*, photographie.
505 GOUJON (Jean), 54, rue Richer, *Le Prince Poniatowski*, gravure.
506 GOUPIL, 19, boulevard Montmartre, *Victoire de Divicon*, gravure.
507 — — *La Tutelle*. —
508 — — *La Fille aux Poussins*. —
509 — — *Lord Strafford*. —
510 — — *L'Amour*. —
511 — — *L'Enterrement du petit oiseau*
512 — — *Les Pêcheurs de l'Adriatique*.
513 — — *Les Moissonneurs*. —
514 — — *Le Départ des Hirondelles*.
515 GOUTIÈRE, *Docteur Michon*, gravure.
516 GUADET, 56, boulev. des Invalides, encre de Chine.
517 GUÉRARD, 27, rue Fontaine, *Nature morte*, huile.
518 GUÉRARD (Auguste), 68, boulev. Malesherbes, *Alsacienne*, (Ch. Marchal), gravure.
519 GUÉRARD, 15 rue Fénélon, un encrier, marbre et bronze.

520 GUIAUD, 11, boul. de Clichy, *Palais de Justice*, aquarelle.
521 GUIAUD (J.), 74, rue de Clichy, *Paysage*, aquarelle.
522 GUICHARD, *Marine*, huile.
523 GUGENHEIM (Mlle Aline), 32, rue des Jeûneurs, *Une Miniature*.
524 GUIGOU (Paul), d'Apt, *Vue de Cuges*, huile.
525 GUILBERT (d'Anelle-Avignon), *La Première Leçon*, huile.
526 GUILLEMET, 110, quai Jemmapes, *La Lecture*, sujet bronze.
527 GUINDON, *Moutons*, huile.
529 GUINANT (Mlle Cécile), 2, rue Dumont-d'Urville, *Tête de jeune homme*, pastel.
530 GUMERY, 155, rue de Rennes, *Jeune Garçon*, fusain.

H.

531 HAGARD (Claude), 13, r. Jules-Favre, *Marine*, médaillon.
532 HALUS, 56, rue Saint-Dominique, une Statuette.
533 HAMEL, 45, rue Boissy-d'Anglas, *Nature morte* (Feuxeula).
533 *bis* HARDON (Albert), av. Saïd, *Berger et Chèvre*, huile (Palizzi).
534 HARPIGNIES, 7, rue Saint-Georges, chez M. Petit. *Vue de Rome*, aquarelle.
535 HÉDIN (Amédée), 97, rue d'Enfer, *Paysage*, huile.
536 HÉDOUIN, 58, rue de l'Université, *L'Entretien*, pastel.
537 HELLEMACHER (E.) ,126, rue Lafayette, *Jehan de Saintré*, huile.
538 HENRY (Michel), 12, r. de l'Ancienne-Comédie, *Soleil couchant* (Ballu).
539 HERSON (E.), 11, boulevard de Clichy, *Paysage*, huile.
540 — — —
541 — — *Entrée d'un Monastère*, aquarelle.
542 HERRMANN (Léon), 5, boul. Bonne-Nouvelle, *Étude de femme*, huile.
543 HEULLANT (A.), *Les Papillons*, aquarelle.
543 *bis* HERVÉ DE LAVAUR (Mlle), *Garde mobile des Côtes-du-Nord*, d'après Pils, pastel.
544 HODI, docteur, 23, rue d'Enghien, *La Consultation*.
545 HOGARD (Claude), *Plage de Trouville*, aquarelle.
546 HOLLANDE, 51, rue de Charenton, *Lion et Lionne*, plâtre.
547 — — *Guerrier romain*, bronze.
548 HONORÉ, 39, rue Condorcet, un cachet.
549 HOUSSAY (Mlle) 74, rue de Sèvres, *L'Offrande*, huile.
550 HOUDARD, encrier, bronze.
551 HOURRY, 9, cité du Trône, peinture sur faïence.
552 HUAS (A.), 11, rue Chateaubriand, *Bon pour un portrait*.
553 HÜBER-SALADIN, deux aquarelles du général Pajol.
553 *bis* — *Nature morte*, aquarelle par la baronne Nath. de Rotschild.
553 *ter* — *Paysage*, aquarelle, par la baronne Nath. de Rotschild.
554 HUET (Ernestine), *Fleurs*, huile.
555 HUILLARD (G.), 5, rue du 29 Juillet, *Vue du Forum*, aquarelle.
556 HUYSMAN (E.), 29, boulevard Rochechouart, *Une Razzia intime à Alger*, huile.

J

557 JACOB (Mlle Marie), 4, rue Joquelet, *Bouquet de fleurs*, aquarelle par Philippe Lambotte.
558 JACOBBER fils, *Fleurs* et *Fruits*, huile. (Jacobber père).
559 JACQUAND (Claudius), 18, avenue de la Reine-Hortense, *Quête pour les veuves et les orphelins*, huile.
560 JACOTT, 20, rue Bellini, à Passy, *L'Orgueil*, gravure.
561 — — *La Paresse*, —
562 JACQUE, *Un Semeur*, crayon.
563 JACQUET, rue Lebon, *Portrait d'après Raphaël*.
564 — — *Songe*, gravé par Gouthière.

565 JACQUEMARD, 37, rue de Babylone.
566 JACQUEMART (Mlle Nélie), 19, rue de Laval, *Nature morte*, huile.
567 JACQUINET, *Tigre et Serpent*, bronze.
568 JANDELLE, 33, rue de la Tombe-Issoire, *Paysage*, huile.
568 *bis* JAPY, *Marine*, huile.
569 JEANNIN, 51, boulevard Magenta, *Environs de Fontainebleau*, huile (Hagemann).
570 JARRY (A.), rue Radziwill, *Paris incendié*, album.
571 JOSQUIN, rue Rochechouart, 68, *Enfant*, huile.
572 JOULIN (Lucien), 196, r. de Rivoli, *Nature morte*, huile.
573 JOURDAN (E.), à Toulon, *Repos des moissonneurs*.
574 JOURNAULT (E.), 60, boulevard de Clichy, *Vue de Saint-Jean-de-Luz*, Basses-Pyrénées.
575 JUDRE (Mme veuve), *La Chapelle Sixtine*, d'après Ingres.
576 JULIEN, *Effet de Lune*, marine.
577 JULIENNE, rue de Malte, *Invocation*, gouache.
578 JULIENNE (Mme), 34, r. de Malte, *Un sujet pour un éventail*, aquarelle

K

579 KELBRONNER (Horace), 5, rue d'Aumale, portrait de lord Strafford d'après Paul Delaroche, gravure.
580 — — *Jeanne Gray*, —
581 KERTUCKY (Mme), 104, rue Saint-Dominique, *Le Christ*.
581 *bis* — — *L'enfant Jésus*, un médaillon.
582 KÉRUISDEN, 16, rue Saint-Maur, *Nature morte*, huile.
583 KLEIN, 23, rue des Noyers, *Négresse*, aquarelle.

L

584 LABORNE (Émile), 22, rue des Vosges, *Le jour du marché*, huile.
585 LACOUT (Mme), rue Ramcy, 39, *Coupe*, bronze.
586 LACRETELLE (E.), 8, boulevard Montmartre, *Le Christ et la Vierge*, huile.
586 *bis* LACROZE (D^r), 60, r. de la Victoire, *Inondation de la Loire*, huile, par Picou fils.
587 LAEMLIN, 10, rue Hautefeuille, *L'Espérance*, huile.
588 LAFARET (Mlle), 19, r. Le Pelletier, petit tableau transparent (porcel).
589 LAFFITTE, à Barbizon, *Étude de tête de Chien*, huile.
589 *bis* LAGARDE, quai Voltaire, 5, *Coucher du soleil*, aquarelle.
589 *ter* — — *Les Chevaux*, —
590 — — *Paysage*, —
590 *bis* — — *Le Lac*, —
591 — — *Paysage*, Dessin.
592 — — — —
593 — — *Chèvres*, —
594 — — *Paysage*, aquarelle, —
595 — — *Sépia*, par Hubert.
596 — — *Les Ruines*, —
597 — — *La Ferme*, aquarelle.
598 — — *La Rivière*, —
599 — — *La Ferme*, aqu. par M. Lerebours.
600 — — *Tête de martyr*, crayon.
601 — — une encre de Chine, par Duvivier.
602 — — un Dessin au fusain.
603 — — 19 épreuves: *Héroïne* de W. Scott.
604 — — 30 vignettes, œuvres de W. Scott.
605 — — 16 épreuves d'artiste.
606 — — —
607 — — *Souvenirs de Coucy*, texte, gravure.
608 LAGIER, *Napolitaine*, étude, huile.
609 LALANNE, *Coup de vent*, huile.
610 LALAISSE (de), quai Napoléon, *Paradis perdu*, gravure.
611 — — —
612 LALAISSE (H^te), 159, boul. Montparnasse, *Les Chevaux bretons*, aquar.
613 LAMAILLE, 4, rue Pasquier, *Paysage* (Cooper).

614 LAMBERT, rue d'Assas, 74, *Une gravure mine de plomb*, par Berthe Ritoit.

615 LAMING, 20, rue de l'Odéon, *Un Berger* (bronze).

616 LAMY (A.), *Marchands de poissons*.

617 LAMY, neveu, *Italienne*.

618 LANDERSET (de), *La Reine des fleurs*.

618 *bis* LAPRADE (Mme de), 94, rue Beauvau, *Atala*, gravure.

619 LAPANNE (Mme), 12, rue Madame, *La Tempête*, huile.

619 *bis* — *L'attente du vaisseau*, —

620 LARGE, 60, rue Richelieu, *Effet de lune*, fusain.

621 LAPITO, 29, rue Ste-Anne, *Souvenir de la Drôme*, huile.

622 LAROCHE (A.), 17, rue d'Aumale, *Paysage*, huile.

623 LASSELAS, 208, rue Lafayette, *Une paysanne sur un âne*, huile.

624 LATOUCHE, rue Lafayette, *Lisière d'un bois*, huile.

625 LANDELLE, 21, quai Voltaire, *Laveuse d'Etretat*, aquarelle.

626 LOREAU (Mme), 30, rue de la Tour-d'Auvergne, *L'Hiver*, gravure.

627 LAURENT (Félix), *Étude de jeune fille*, huile (1).

627 *bis* — *Sainte-Anne*, dessin.

627 *ter* — *Saint-Jean-Baptiste*, —

628 — *Tête de jeune fille*, —

628 *bis* LE BARBIER, *Force et malice*, huile (E. Valton).

629 LEBAS (Hippolyte), *Paysage*, aquarelle.

630 LEBOUTEUX (D.), 60, rue N.-D.-de-Lorette, *Santa Maria in Transtevere*, à Rome, aquarelle.

631 LECLAIRE, 73, rue de Lourmel, *Les bords de l'Oise*, fusain.

632 LECLERC (Mme), 55, rue des Petites-Écuries, *Les caresses*, crayon.

633 LECOINTE, plat décoratif, bronze.

633 *bis* LEFEBURE (Gabriel), 170, faub. St-Honoré, *Bon pour un portrait*.

634 LEFÈVRE, *Tête de Taureau*, plâtre.

635 LEFEBVRE, 50, avenue des Champs-Élysées, *L'Étoile*, terre cuite.

636 LEFOUR, *Françoise de Rimini*, photographie.

637 LEYENDECKER, 72, rue du Cherche-Midi, *La confidence*, huile.

638 LEGRAND (Auguste), 37, avenue d'Antin, *Paysage*, aquarelle.

639 LEGRAND, 37, avenue d'Antin, *Une Rencontre dangereuse*, huile.

640 LEJEUNE (E.), 14, impasse Saint-Elisabeth-d'Enfer, *Jeune fille bretonne à la fontaine*, aquarelle.

640 *bis* LEHOUX, 17, rue Tronchet, *Souvenir de la Haute-Egypte*, Peinture sur bois.

640 *ter* LELEUX (Armand), 9, rue Pierre-Sarrazin, *Les pommes vertes*, huile.

640 *quater* LELEUX (Mme Emilie), — *Antichambre Louis XV*, huile.

641 LEMIT (Alphonsine), *Couvent d'Amalphi*, aquarelle, d'après Gérard.

642 LEMONNIER (Théodore), 71, rue Bréa, *Une Marine*, huile.

643 LE MORE, 60, rue de Clichy, *Steeple-Chase*, aquarelle.

644 LENEPVEU, 67, boulevard de Clichy, *Moïse chasse les bergers*, huile.

645 LEPAULE (G.), 23, rue des Martyrs, *Chevreuil blessé*, huile.

646 LÉPINE, *Un matin*, paysage, huile.

647 LESPARDA (de), 94, place Beauvau, *Fleurs*, aquarelle.

648 LETRENNE (Ludovic), *Un Torrent*, huile.

649 LATRY (Anna), *Fleurs*, aquarelle.

650 LETUAIRE, à Toulon, *Le Zouave blessé*.

651 LEVILLAIN (Ernest), 7, rue d'Albe, *Poissy*, aquarelle.

652 LEVILLAIN (G.), 54, r. du Faub-Montmartre, *Ruines*, paysage, aquarelle.

653 — — *La Vierge*, bronze.

654 LEVIS, 34, rue Labat, trente-cinq dessins divers.

655 LÉVY (Émile), boulevard Lannes, 17, *L'école des Beaux-Arts à Rome*, huile.

655 *bis* LION (Berthe), 167, Faubourg-Montmartre, *Le Bonheur*, pastel.

656 LIOTARD, Marseille, *Sainte-Geneviève*, médaillon plâtre.

---

(1) Le gagnant aura une répétition de cette étude ou, s'il le préfère, son portrait par l'auteur.

657 LOMBART (Eugène) 5, rue Neuve-des-Petits-Champs, *Veillée Flamande*.

658 LOUVET, 38, rue du Bac, *Étude de tête*, fusain (Tassart).

659 LOUVET (Jules), 156, boulevard de Grenelle, *Vue d'un ancien château*, aquarelle.

660 LUCIEN (le petit), *Fruits*, huile.

661 LUCY (Ad.), 43, rue de Clichy, *Lac des 4 cantons*, aquarelle.

662 LUILLIEZ (Camille), Couronne de fleurs encadrée.

663 LUQUET (J.), 35, rue Caumartin, 1 vol. Eaux fortes, 1863.

664 — — — 1865.

M

665 MADRAZO (R.) 13, rue Jules-Favre, *Copies de Ribera*, huile.

666 MAGAUD, *La Mère et l'Enfant*, huile.

667 MAGLIONE, *Le Pont de Morgion*, huile.

668 MAHOT (A.), 68, rue de Passy, *Le Franc-Tireur*, aquarelle.

669 MAILLARD (Henri), *Halte des Bohémiens*, lithographie.

670 — 1 lithographie.

671 MARCELIN, 10, passage Bourdon, *La Madeleine*, statuette, terre cuite.

672 MARCHI (Salvator), 30, passage Choiseul, un groupe.

673 MARET (J.) 1 dessin par Auguste Delâtre.

674 MARIN, 69, avenue de Paris, *Etude de plantes*, quatre petits tabl.

675 MARONDON DE MONTYEL, 7, rue Dupuytren, *Paysage*, huile.

676 MARONDON DE MONTYEL (Mme), 7, rue Dupuytren, *Miniature d'enfant*.

677 MARTIN, 52, rue Laffitte, *Paysage*, (Bellel).

678 MARTIN (E. fils), à Digne, *Les Pras d'Asses*, aquarelle.

679 — (P.) — *La Madrague*, environs de Marseille, aquarelle.

680 MARTIN (A.) *Retour de la Pêche*, huile.

681 MARTINET, 2, rue de Poissy, gravure d'après Murillo.

682 MASSÉ, 157, Faubourg-Saint-Honoré, *Le Lion et sa proie*, crayon (Delacroix).

683 MASSÉ, 7, rue Rameau, *Paysage*, huile.

684 MASSIN, 36, rue Beaubourg, encrier bronze à timbre.

685 MASSON, 95, rue Blanche, *Paysage*, fusain (Flers).

685 *bis* MASSON (avoué), 32, rue Saint-Marc, *Un Album de seize eaux fortes*, d'Alfred Taiée.

685 *ter* — — *Un Album de dix-neuf eaux fortes*.

686 MAS, 36, rue aux Ours, *Paysage*, fusain, Fagnon (Ad.).

687 MAURIN (D.), dessin à l'encre, de M. Constantin.

687 *bis* MAY, 13, rue Billault, *Grande Tête de jeune fille*, huile.

688 MAYAN, *Bord du Jarret*, huile.

689 MAYAUDON (F.), 91, rue Richelieu, *Benvenuto Cellini*, crayon.

690 MAYEUX, 45, rue Rebeval, *Entrée d'un monastère*, aquarelle.

691 MARQUET DE VASSELOT, *Abraham Lincoln*, terre cuite.

691 *bis* MAURY (Mlle Rose), à Villefranche, *Collin-Maillard*, dessin à la plume, travail d'un enfant de 12 ans 1/2.

692 MÉGISSIER, 28, rue Pigalle, *L'Aumône*, huile.

693 — — un tableau, huile.

694 — — —

695 (*A promis*).

696 MENTION, 96, rue Legendre, *Paysage*.

697 MÈRE (P.), 19, rue de l'Entrepôt, *Chien d'arrêt*, bronze.

698 MÉRY, à Bougival, *Chat*, dessin aux trois crayons.

699 MERY, *France et Allemagne* (Kehl), aquarelle.

700 MONTFORT, *Souvenir d'Orient*, aquarelle.

701 MÉRY (Mlle), 23, rue Clausel, une coupe peinte.

702 MEUNIER, *Mort de Laïs*, plâtre bronzé.

703 MIDY fils, rue Miroménil, *Scène villageoise*, aquarelle.

704 MIEURET, 45, rue Oberkampf, *Paysage*, aquarelle.

705 MIGNON, 151, rue Oberkampf, *Les Lavandières*, huile (Véron).

706 MILLET, à Barbizon (Seine-et-Marne) dessin à la plume.

706 *bis* — — —

707 MILLET, 21, boulevard des Batignolles, *Une femme de la campagne de Rome*, terre cuite.
708 MICHELEZ (Léon), 59, rue de Sèvres, *Bord de rivière*, huile.
708 bis MONNIER (Henry), aquarelle.
709 MONTJALIN (la comtesse de), 19, rue Marignan, *Paysage*, fusain.
709 bis — — —
710 MORIN (Edmond), *Retour de Vichy*, aquarelle.
711 MOREAU (Mathurin), *La Science*, bronze.
712 MOREAU (Auguste), *L'Amour aux oiseaux*, plâtre.
713 MOREL-LANDEUIL, 20, Regent street, Londres, une photographie.
714 — — *Paradis terrestre*, médaillon.
715 MORLOT, *Fleurs*, huile.
715 bis MOTTA, à Genève, *Paysage*, huile.
716 MOULIN (Hippolyte), 108, r. Vaugirard, *Un buste de la République*, plâtre.
718 MOUREAU, 17, rue des Filles-du-Calvaire, *Paysage*, huile.
719 MOUTTE (A.), *Un soir de Juin*, huile.
720 — *Souvenir de Cassis*, dessin à l'encre.
721 MOYEUX, 10, rue Bellechasse, *Forum*, aquarelle.
722 MOYSE (Anselme), chemin de croix, bois de cèdre incrusté.
723 MOYSE (Maurice), croix de chapelet, bois de cèdre incrusté.

N

724 NADAILLAC (comtesse de), 17, r. Renouart, *Les Coqs*, aquarelle.
725 — — *Copie de Decamps*, gravure.
726 NÈGRE, à Nice, *3 vues de la cathédrale de Chartres*, photogra.
727 NOEL (Mlle), 326, rue de Vaugirard, *Nature morte*, huile.
728 NOEL (Mme), 53, Grande r. des Batignolles, *Vierge Marie*, crayon.
729 NOGARO, 102, rue du Cherche-Midi, *Le Chien en arrêt*, huile.
730 NOGUET (Louis), 25, rue du Rocher, *Pompéi*, aquarelle.
730 bis NOLD (Mlle), 17, rue St-Martin, à Versailles, *L'Espérance*, peinture sur porcelaine.
731 NONÈS, 19, rue de la Tour-d'Auvergne, *La Gelée*, fusain (L. David).
— — *La Tour de Grésy*, fusain —
732 NORMANT, 26, place Vendôme, *Une Bacchante*, bronze.
733 NOTERMANN, 25, rue de Laval, *Le Singe astronome*, huile.
734 NOUGUEZ, 51, rue Clignancourt, *Jeanne d'Arc*, porcelaine.

O

735 OLIVE (J.-B.), *Environs de Marseille*, huile.
736 OLLION (Emile), 11, rue Garnier, Neuilly, *La Vierge et Saint-Jean*, gravure.
737 — — *Le Christ*, gravure.
738 OTHOZ (A.), rue N.-D.-de-Lorette, *Chien en arrêt*, aquarelle (Mélin).
739 OUDRY, Usine électro-métallurgique d'Auteuil, *Les 2 augures*.
740 OUTHWAITE, (J.) *Paysage*, d'après Van den Heyden.
741 — *Port de mer*, d'après Claude Lorrain, eau forte.

P

741 bis PAGES (Bonne de), 20, rue Caumartin, *Portrait de Gustave Lambert*, fusain.
741 ter — — *Herbier des champs de bataille*.
742 PAILLARD (Victor), 105, b. Beaumarchais, *Nourrice indienne*, bronze, d'après feu Protheau.
742 bis PALLANTE, 8, rue Saint-Didier, *Poules et Coqs*, huile.
743 PALLIÈRE, 42, rue Fontaine, *En mer par une belle brise*, huile.
743 bis PAILLOTTE (Mme ve), 72, rue de Rome, *Une île*, gouache.
744 PAPIN, 55, rue Meslay, *La Vierge Marie*, huile.
745 PAQUER (Mme Ve), rue d'Amsterdam, *Tête de jeune femme*, un cachet, bronze.
746 PARET (Mme), 13, rue de Londres, *Paysage*, aquarelle.

747 PARMENTIER, fils, Gravure.
748 PARMENTIER, 8, rue Linné, *Un Daim*, bronze.
749 PARMENTIER-MORIN (Mme E.), b. de Clichy, *Ambulance*, aquarelle.
750 — — *L'Ambulance de la Trinité*, deux photographies.
751 PARROT (P.), 8, rue Vavin, *Tête de Sibylle*, dessin au crayon.
752 PATA (C.), 16, rue de Seine, *Une Chaumière*, huile.
753 PATAUD (Edouard), 275, rue de Charenton, *Le Zouave blessé*, huile.
754 PASCAL (Louis), 72, rue Montorgueil, *Cloître Sainte-Marie-Nouvelle*, à Florence.
755 PATROIS (I), 39, aven. d'Eylau, *Intérieur sous Louis XIII*, huile.
756 PAU (Mme Marie-Edme), Nancy, une Photographie.
757 PAUZAT (M.), *Marine*, aquarelle.
759 PAZ (Eugène), 34, rue des Martyrs, *L'Amour filial* (Seguin).
760 PECQUEUR (Henriette), Ville-Avray, *Paysage*, huile.
761 PELOUZE, *Descente du Christ*.
762 PELEZ (Fernand), 9, rue Ferme des Mathurins, *Cheval*, bronze.
763 PELLEGRIN, *Souvenir des Courses*, huile.
764 PÉRIGNON, Bon pour un portrait.
765 PÉRIGOT, *Déclaration d'amour*, huile.
766 PETIT (Albert), 41, avenue de Saint-Cloud, *Vue de Hollande*, aquarelle.
767 PETIT (Jean), 29, rue d'Enfer, *Buste de fillette*.
768 PETIT-SAVINIEN, 40, rue des Fourneaux, *La France* (Diebolt).
769 PIERDON (F.), à Boulogne (Seine), *Un Buisson*, huile.
770 PILLAUT, *Portrait de Mme Grafigny*, pastel.
771 PIGEON, 141, boulevard Voltaire, deux coupes porcelaine bronze.
772 PILLIOUD, 36, rue Vieille-du-Temple, *Saint-Vincent-de-Paul*, plâtre galvanisé.
773 PILLOUD, 56, rue Jacob, Un buste, terre cuite.
774 PILS, 11, place Pigalle, *Artillerie de la Garde mobile de la Seine*, aquarelle.
775 — — *Garde mobile de la Côte-d'Or*, aquarelle.
776 — — *Bastion 63*, aquarelle.
777 PIQ, 68, rue de Rome, *Don Pedro IV*, phothographie.
778 PIRODON, 15, passage des Beaux-Arts, *Saint-Grégoire, Pape*, d'après Rubens.
779 — — *Le Pape Alexandre III*, grav.
780 PIRODON, 15, passage des Beaux-Arts, *La Leçon de chant*.
781 POIRSON, 3, cité Trévise, *Le Coup de l'Etrier*, huile.
782 POITEVIN, à Saint-Maximin, *Le Réveil*, une statuette terre cuite.
783 POLISSARD (A.), rue Geoffroy-Lasnier, *Paysage*, aquarelle.
784 POLONCEAU (Mlle), 12, rue du Regard, *Fruits*.
785 POMMAYRAC (DE), 7, rue Chaptal, bon pour un portrait à l'huile.
786 POMEY, *Intérieur de cuisine*, huile.
787 PONCHIN (L.), des Martigues, *Mon Maître me battra*, huile.
788 PONSON, *Les Martigues*, gouache.
789 — (R.), *Restaurant du chemin de la Corniche*, gouache.
790 POTIER (H.), 58, rue d'Assas, *Intérieur de la basilique basse de Saint-François-d'Assise, à Assise*, d'après Gronet, eau-forte.
791 POTIN (Mlle), *La Vierge*, médaillon bronze.
792 POUYER (E.), pharm. à Claye-Sauly (Seine-et-M.), une lithographie.
793 — — —
794 — — —
795 — — —
796 — — —
797 — — —
798 — — —
799 — — —
800 POUGET, à Nîmes, *Extérieur des Arènes*, photographie.
801 — *Maison carrée*, à Nîmes. —
802 — *Intérieur des Arènes*. —

803 PRÉVOT et JAMÊT, 39, rue St-Sébastien, *Cavour*, buste en bronze.
804   —   —   *Chateaubriand*   —
805   —   —   *Roméo et Juliette*, sta-
      tuettes en bronze.
806   —   —   *Uranie et Euterpe*.
807   —   —   *Une levrette*, groupe en
      bronze.
808   —   —   *Béranger*, bronze.
809   —   —   *Béranger, Chateaubriand*
      2 bustes.
810 PRÉVOST, 14, rue Rougemont, *Marine*, aquarelle.
811   —   —   —
812 PRYEPIOVSKI, 9, rue de Seine, *Tête de Vieillard*, huile.
813 PRYEPIOVSKA (Mme), 9, rue de Seine, *Le Premier Baiser*,
aquarelle.

Q

814 QUINET (A.), 42, place Cadet, *Hôtel-de-Ville incendié, Les
Tuileries incendiées*, 2 photographies.

R

815 RAVE (J.), à Lyon, *Bacchante*, huile.
816 RAUNHEIM, 48, rue de la Goutte-d'Or, *Charlotte Corday*,
crayon.
817 REGNIER, à Aix, *Paysage*, étude, huile.
818 REINACH, 31, rue de Berlin, Sépia de G. Griset.
819 REJON, *La Danseuse*, eau forte.
820 RÉMOND, 16, rue du Chemin-Vert, aquarelle (Gérard).
821 RÉMON (H.) 14, rue du Chemin-Vert, *Paysage*, aquarelle.
822   —   —   *Baigneuse*.
823 RÉMON (J.), 14, r. du Chemin-Vert, *Nature morte*, huile.
824 RENAULT-MANGIN (Mlle), *Vue de Sidon*, aquarelle.
825 REVEST, *Le Gros Amandier de Château-Gombert*, huile.
826 RICHARD (Jacques), 49, rue de Charenton, *l'Enfant et le Chien*
(Molizard).
827 RICHAUD, à Avignon, *Atelier de teinture*, huile.
828 RICHOMME, 5, cité Pigalle, *28e Bastion*, aquarelle.
829 RICILLEY, 92, rue de l'Ecole-de-Médecine, *Bernard Palissy*, d'a-
près Velter.
830 RIMBOD, 23, rue de Tournon, *Paysage*, fusain.
831 RICO, *Paysage*, huile.
832 RIOS (R. de Los), 32 rue de Vanves, *Paysage*, aquarelle.
833 REVEST, *Environs de Marseille*, huile.
834 ROGIER, un bronze, *Lion et Serpent*, par Barye.
835 ROLLA (Léon), 17, rue Sedaine, *Intérieur de Cour*, huile.
836 ROMAN, à Arles, *Porte de la Cathédrale*, photographie.
837 ROTHSCHILD (baronne Nathaniel de), rue Laffitte, *Vue d'Italie*,
aquarelle.
838 ROUART, 149, rue Oberkampf, *Rue de village*, huile.
839 ROUARD (H.)   —   pot faïence du XVIe siècle.
840 ROUFFIO, *La Madrague par Guigou*, huile.
841 ROUSSE-DE-BRIGNOLLES, *Flagellation du Christ*, quatorze pho.
842 ROSSIGNEUX Ch.), 23, quai d'Anjou, *Sujet religieux*, aquarelle.
843 ROUSSELIN, 194, boulevard Pereire, *Un Haras*.
844 ROUSSELIN, *Etude de cheval*, huile.
845 ROUSSELOT (Ernest), 240, rue de Vanves, *Nature morte*, huile.
846 ROUYER, (F^is), 129, r. de Turenne, *République française*,
buste plâtre.
847 RUELLE, 8, place Ventimille, *Paysage*, huile.

S

848 SAGE, 7 *bis*, r. Laromignière, *Lutte de l'Ange et de Jacob*, huile.
849 SCHNEIDER, 26, rue Madame, *Un Fou sous Henri IV*, eau-forte,
(Roybet).
850 SCHREIBER, *Nina allant à la Fontaine*, huile.
851 SAINTIN, *Tête d'Italienne*, huile.
852 SAINT-EDME, *Une Marine*, huile.
853 SAINT-PIERRE (G.), à Marseille, *L'Indiscrétion*.
854 SAUSSAY, 6, rue Montaigne, *Un Encrier*, bronze.
855 SAUVAGEAU, *Buste de femme*, terre cuite.
856 SAUVAGEOT (Ch.), 3, Cour de Rohan, *Une Ferme*, aquarelle.
857 SAUVEL (Edouard), 26, rue Joubert, *Paysage*, fusain.
858 SEBRON (H^te), 80, r. Taitbout, *Oasis des bords du Nil* (Haute-Égypte).
859 SAUZAY (L.), 41, rue de Laval, *Giovinetta*, dessin au crayon.
860 SÉDILLE (Paul), 19, boulevard Magenta, *La Fin d'un beau jour
d'Automne*, huile.
861 SÉDILLE (J.), 34, r. du Château-d'Eau, *Un Cuirassier à cheval*, au crayon.
862   —   —   *Un Cuirassier à cheval*, fusain.
863 SÉLIM (Mme H.), 92, rue d'Amsterdam, *Un Réfugié*, aquarelle.
864   —   —   *Vue d'un Moulin.
à la Bouille*, dessin à la mine de plomb.
864 *bis*. —   —   *Une rue du vieux Rouen*, aquarelle.
865 SEIGNON (P.), *Marine*, huile.
866 SERVAN, *Béranger*, médaillon par David.
867   —   *Lac de Charenton*, un panneau, huile.
868   —   *Etude de Marne*, prise sous le viaduc de Nogent, huile.
869   —   *Bois de Vincennes*, étude, huile.
870   —   —   —
871   —   *Les Bords de l'Oise*, un panneau, huile.
872   —   *Petit-Bry*, en amont de Jollin le passeur, huile.
873   —   —   en aval   —   —
874 SÉVOLDUS frères, étude de Rembrandt, huile.
875 SEUSSEBRESER, d'Aix, quatre reproductions de gravures.
876 SOCIÉTÉ D'ACCLIMATATION, 19, rue de Lille, *Yaks*, gravure,
d'après Rosa Bonheur.
877   —   —   *Yaks*, gravure,
d'après Rosa Bonheur.
878 SOCIÉTÉ DE SECOURS, *Monastère*, huile (Adolphe).
879 SIMON, *Vache à l'étable*, huile.
880 SONZAGNO, 106, rue Richelieu, *France et Prusse à Outrance*,
gravure.
881   —   —   *Le Jour de Mariage*.
882 SORMANI (Paul), 10, r. Charlot, *Une paire de Coupes*, marb. incrusté.
883 (*A promis.*)
884 STEWART (H.), *Harangue de maître Jonatus de Bragmardo
faite à Gargantua pour réclamer les cloches*,
tableau (E. Boilvin).
885 SUCHET, *Martigues* (Provence), huile.
886 SUSSE frères, 31, place de la Bourse, *Buste de Diane*, bronze
(Jean Goujon).
887 SZERMENTOWSKI, 62, r. Truffaut, *Une Forêt*, huile.
888   —   —   *Vue du Havre*, huile.

T

888 *bis* TARDIEU (Mme V^e), 21, rue du Faubourg-du-Temple, *Nature
morte*, huile, par Fanny Gilbert.
888 *ter*   —   *Paysage* (Duprat).
889 TEISSERE. *Le Ravissement de Saint-Paul* de Laugier, d'après
Poussin.

890 TESTARD (Alphonse), 30, rue Compan, *Ambroise Paré faisant la première ligature des artères*, gravure.
891 TEXIER (Ernest), 15, rue Godot-de-Mauroi, *L'Ascension*, huile.
892 THEILLEY, 92, r. de l'Ecole-de-Méd., *Bernard Palissy.*
893 THÉRON, 7, rue d'Assas, *Camirée* tirée du roman de Mme de Staël, huile.
894 — — *Jeune Fille aux fleurs*, huile.
895 — — — *aux pigeons.* —
896 — — — *aux fruits.* —
897 — — *Femme couchée.* —
898 THIÉBAULT (V.), 146, Faub.-Saint-Denis, *Diane*, bronze (Gabier).
899 THIERRY, 18, rue du Dragon, *Fleurs*, huile.
900 THOMAS (G. J.), 75, rue Notre-Dame-des-Champs, *Tête d'étude*, marbre.
901 THOMAS (A. T.) — *Copie de la Vénus marine.*
902 THIOUST, 5, rue Saint-Bernard, *Une Rue à Caudebec*, photogr.
903 TILLERY, 11, passage Saint-Anastase, Une Statuette sous globe.
904 TISSOT, *Paysage*, huile.
905 TOULMOUCHE, 70 *bis*, r. Notre-Dame-des-Champs............
906 TOURNY, 2, impasse Conti, aquarelle.
907 TOURNOIS, 9 *ter*, rue Carnot, bas-relief.
908 TRAJAN, Nice, *Vierge au Saint-Jean*, phothographie.
909 TRICAUD, 90, rue de Cléry, *Forêt de Fontainebleau*, Gouache.
910 TRICHON, *Paysage*, aquarelle de M. Crapelet.
911 — Encre de Chine d'après Rembrandt.
912 — *En Orient*, aquarelle de Mallet.
913 TRIMOLET, 27, rue Saint-Paul, *Vue de l'ancienne berge du port de la Tournelle*, gravure.
914 TROTTIER fils, 118, rue de Vaugirard, Etude de Buffet.
915 TROUILLET, 102, boul. Sébastopol. *Washington*, tissé sur soie.
916 — — Photographie du gouvernement de la défense nationale.
917 — — *Héloïse et Abélard*, 2 Émaux.
918 — — *La Clef de Marlborough.*
919 TROUVET, *Une Tour dans un parc*, huile.
920 TCHERKASKY (prince), à Barbizon (Seine-et-Marne), *Soleil couchant*, huile.
921 — — *Chemin dans le bois*, huile.
922 TUASNE, 24, rue d'Assas, *L'Amour piqué*, bronze (Etex).

U

923 UCHARD (J.), 82, rue Grenelle-Saint-Germain, *Eglise de Prato*, aquarelle.

V

923 *bis* VAAST, 28, boulevard Beaumarchais, *Fleurs*, (Diart), huile.
924 — — —
925 VOLLON, (A.) 25, passage Saulnier, *Plage de Dieppe*, fusain.
926 VACOSSIN, 32, rue Beaubourg, un bénitier.
927 — *Pierrot* tabl. et *Arlequin* tabl.
928 VALADON, (J.) 212, r. de Vaugirard, *Nature morte*, huile.
929 VALENTIN (Adolphe), 14, quai d'Orléans, aquarelle, *Paysage* (E. Ciceri).

930 VAUDOUIN, 8, boulevard Clichy, *Paysage*, huile.
931 VAUCLEL, 2, rue Neuve-des-Petits-Champs, *le Christ*, bronze.
932 VERDI, Italie, *le Chanteur Florentin*, bronze (Dubois).
933 VERNIER (Emile), 18, r. Bonaparte, 12 lithographies d'après Corot.
934 VERREAUX, 30, avenue d'Eylau, Dessin à la mouchure de chandelle.
935 VERY fils, 19, boulevard des Italiens, un encrier, bronze.
936 — — un porte-cure-dent, bronze.
937 VIGNON (de), 26, rue des Dames (Ternes), *Paysage*, huile.
938 VIGUIER, Marseille, *Paysage*, étude huile.
939 VIOLA, Marseille, *Fruits*, huile.
940 VIOLLET-LE-DUC (Adolphe), *Les Grandes Eaux à Saint-Cloud*, aquarelle.
941 VIRGILLE (de), 20, rue Laffitte, *Une Marine*, huile (Roquemont).
942 — — *Marine* huile.
943 — — *Tête de vieillard*, huile.
943 *bis* — — *Marine*, huile.
944 VINCENT, 9, rue des Lions-Saint-Paul, *Une Chapelle.*
945 VILZINSKI, *Une Vierge.*
946 VIVROUX, 17, rue Pierre-Picard, deux statuettes, terre cuite.
947 *(A promis.)*
948 VOISIN (Arsène), 31. Faub-Poissonnière, *Euterpe*, bronze.

W

949 WALLACE (Richard), 3, r. Taitbout, *la Sapho de Pradier*, bronze.
950 — — buste de Mme *de Pompadour* bronze (Houdon).
951 — — buste de Mme *Dubarry*, bronze (Pajon).
952 — — 2 *Vénus Pudique*, bronze.
953 WELCH (Thomas B.), 62, rue de Provence, portrait à l'huile du *général Grant.*
954 WORMS (Jules), 19, rue Navarin, *Dame espagnole*, aquarelle.
955 WORTH (Mme), 7, rue de la Paix, groupe rocaille. bois sculpté.
956 WYLD (E.), 2, rue Compiègne, *Soleil couchant*, huile.

X

957 XYDIAS, 19, rue des Prêtres-Saint-Germain-l'Auxerrois, *Pifferaro*, huile.
958 X*** (Mme) Coupe, bronze (Barbedienne).
959 — Plat persan ancien.
960 — *Henri II*, grès.

Y

960 *bis* YSABEAU (Emile), 88, boulevard de l'Hôpital, *Bords de la Marne*, fusain.

Z

961 ZADIC, 47, rue des Petites-Ecuries, *Etude de femme*, huile.
962 ZIER, 102, rue de la Procession, *Apparition de Jésus à Marie-Madeleine*, huile.

SECTION DE L'INDUSTRIE ET DU COMMERCE

A

1 ADAM (Ad.), 23, rue Croix-des-Petits-Champs, 1 lot étoffe p^r pantalons.
2 — — — —
3 — — — —
4 — — — —
5 — — — —
6 — — — —
7 — — — —
8 — — — —
9 — — — —
10 — — — —
11 — — — —
12 — — — —
13 — — 1 lot étoffe p^r robes.
14 — — —
15 — — —
16 — — —
17 ALARI (Giulio), rue Gaillon, 14, *La Voix humaine*, opéra.
18 — — Album grec.
19 — — *La Rédemption.*
20 — — 1 vol. Mélodies.
21 — — 2 —
22 — — —
23 — — —
24 — — —
25 — — —
26 — — —
27 — — 12 Romances.
28 — — Morceaux de musique.
29 ALEXANDRE (Charles), 5, r. du Faub.-Montmartre, un briquet de rempart.
30 ALLEMAND, à Marseille, r. St-Ferréol, 1 vol. *Traité de mesurage*, pour peintre.
31 ALLIOT (Mme), 2, rue Séguier, deux coupes en bronze.
32 — — un compotier en verre de Bohême.
33 — — un plateau en verre taillé.
34 — — deux verres Bohême.
35 — — une boîte à thé en thuya.
36 — — *Voyage en Italie,* 1 volume.
37 — — *La Jérusalem délivrée,* 1 volume.
38 ALPHIN, rue d'Hauteville, une tirelire en argent.
39 ALRIC, à Marseille, rue Saint-Ferréol, étoffe de l'Inde en aloès.
40 AMABBERT, — cinq boîtes de conserves.
41 — — cinq boîtes de conserves.
42 — — 2 boîtes de conserves et un flac. cornichons.

43 ANDRÉ, à Marseille, rue Saint-Ferréol, une paire de bottines.
44 — — 1 vol. et une brochure.
45 — — 2 volumes.
46 — — 1 vol. et une brochure.
47 — — —
48 — — 2 volumes.
49 ANQUETIN, 77, rue d'Aboukir, un serre-papier mappemonde.
50 ANTONEWITZ, une tapisserie.
51 APEYRE (Mme), 24, rue Pigalle, une paire flambeaux plaqués.
52 ARNAL, 23, rue de la Tour-d'Auvergne, 2 porte-bouquets verre bohême et bronze.
53 ARNAUD, GAIDAN et Ce, 40, rue des Jeûneurs, un tapis.
54 ARNOULD (Mme), 11, rue de la Pépinière, un sachet brodé.
55 — — un coussin brodé.
56 AUBERT, 204, rue Saint-Martin, une parure en jais.
57 — — —
58 — — une garniture parure en jais.
58 *bis* AUGER (L.), 8, avenue de la Roquette, une meule à aiguiser.
58 *ter* AUFRAISE, à Marseille, r. Noailles, deux chandeliers argentés.
58 *quater* AUDRAN, — 6 morceaux de musique.
59 AVRAIN (V^e), 25, avenue Wagram, une pelote double face.
60 — — une pelote.
61 AZILLE, 56, boulevard de Clichy, un coussin hygiénique.
62 ANONYME, don d'une dame anglaise, tapisserie, douze années de travail.
63 — un presse-papier.
64 — une statuette bronze.
65 — un presse-papier, marbre et bronze.
66 — peinture sur porcelaine.
67 — *la Vierge,* bronze doré.
68 — une coupe en onyx.
69 — une broche, ivoire sculpté.
70 — une étagère ivoire.
71 — une boîte à gants.
72 — un coupe-papier, écaille.
73 — une boîte à bijoux, nacre.
74 — une petite coupe en ivoire.
75 — un œuf sculpté.
76 — un coupe-papier.
77 — un Christ.
78 — un porte-plume, bois sculpté.
79 — un chalet —
80 — une suspension —
81 — une bonbonnière, verre de Bohême.
82 — un porte-cendre.
83 — une paire de vases, bois sculpté.
84 — un vase porcelaine.
85 — une boîte à mouches.

86 ANONYME, une paire de vases, porcelaine.
87 — — —
88 — Femme en porcelaine.
89 — une coupe —
90 — une levrette.
91 — boîte à bijoux, porcelaine.
92 — un petit encrier, verre.
93 — une coupe cristal, montée cuivre.
94 — une petite coupe, porcelaine.
95 — un encrier-sablier, porcelaine.
96 — un pot à tabac.
97 — un cache-pot japonais.
98 — un crachoir, porcelaine.
99 — deux cache-pots.
100 — une petite coupe, porcelaine
101 — un vase en onyx.
102 — un petit vase vert.
103 — un panier paille d'Italie.
104 — deux presse-papiers, verre.
105 — une boîte porcelaine et un petit vase.
106 — un petit pot au lait, porcelaine.
107 — six objets porcelaine, pour étagères.
108 — une paire petits pots en faïence anglaise.
109 — un verre de Bohême, gravé.
110 — deux flacons cristal.
111 — une tasse et sa soucoupe, porcelaine dorée.
112 — deux flacons à thé.
113 — un bouquet.
114 — une paire de vases.
115 — six objets porcelaine, pour étagère.
116 — une tasse et sa soucoupe.
117 — deux vases, verre bleu.
118 — un vide-poche, porcelaine.
119 — un bougeoir faïence, avec bobèche.
120 — un porte-cigares, séchoir.
121 — un coffret avec flacon.
122 — une boîte à odeur avec flacon.
123 — une boîte à odeur, ébène, avec flacon.
124 — une boîte écossaise.
125 — une boîte à gants, ébène.
126 — une boîte suisse.
127 — un coffret à bonbons.
128 — un porte-allumettes, vieux chêne.
129 — deux fleurets et un masque.
130 — une canne-rotin, pied de biche, bronze.
131 — six pièges à mouches.
132 — —
133 — —
134 — —
135 — une boîte en ier, avec cinq objets de travail.
136 — une boîte soie et papier.
137 — — , un petit chalet suisse et un petit panier.
138 — six objets fantaisie pour étagère.
139 — une blague à tabac, une tabatière et un carnet.
140 — une boîte à bonbons avec serrure.
141 — un vase à savon et un éventail.
142 — une boîte Vétiver.
143 — un panier soie bleue.
144 — un paroissien velours.
145 — un sac de voyage.
146 — un panier en paille d'Italie.
147 — un porte-monnaie, peau de daim.
148 — une paire écrans chinois.
149 — un carnet, souvenir de Bâle.
150 — un cadre photographique, bronze doré.
151 — une tasse, bois sculpté.
152 — une brosse, ivoire.

153 ANONYME, une sébile, nacre.
154 — une boîte, perles blanches, deux fermoirs.
155 — un vide-poche, broderies et cuir.
156 — une broche, camée.
157 — une blague à tabac, caoutchouc.
158 — une bourse, soie, garnie perles.
159 — une boîte, fleurs artificielles.
160 — — pour savon.
161 — une pelote, soie blanche.
162 — une paire babouches.
163 — deux coquillages.
164 — —
165 — trois —
166 — un sachet brodé.
167 — une paire pantoufles, velours bleu, brodées or.
168 — une paire de pantoufles brodées or.
169 — six nœuds de cravates.
170 — une pelote brodée.
171 — neuf dessous de lampe au crochet.
172 — un éventail japonais.
173 — cravates, boucles d'oreilles, boutons et passementerie.
174 — douze serviettes à thé.
175 — un sachet à odeur.
176 — manchon et pélerine.
177 — vide-poche, broderie.
178 — couverture de pelote.
179 — une petite bavette, un bonnet piqué.
180 — trois tapis de pieds, morceaux de drap.
181 — un sachet soie rouge.
182 — une aumônière velours avec fermoir.
183 — une paire de pantoufles.
184 — — — broderie.
185 — — — —
186 — deux bandes tapisserie.
187 — broderie pour un voltaire.
188 — une paire de pantoufle.
189 — porte-bouquet (vieux chêne).
190 — une boîte à gants. cuir de Russie.
191 — galeries de l'Europe.
192 — l'*Illustration*, 18 vol.
193 — *Paris chez soi et environs de Paris*, 2 vol.
194 — *Magasin pittoresque* 1854
195 — *Romans nationaux*, 1 vol.
196 — *Évangile*, 1 vol.
197 — *Mémorial de Saint-Hélène*, 2 vol.
198 — *Galerie des femmes célèbres*, 10 vol.
199 — *Pathologie*, 16 vol.
200 — *Revue contemporaine*, 13 vol.
201 — *Histoirs ancienne*, 16 vol.
202 — *Livre des Sacrements*, 1 vol.
203 — *Pigault-Lebrun*, 21 vol.
204 — *Impressions de voyages*, 1 vol.
205 — *Les contes d'enfants*, 1 vol.
206 — *Contes moraux*, 1 vol.
207 — *Génie du Christianisme*, 2 vol.
208 — *Lettres famillières sur l'Italie*, 2 vol.
209 — *Dictionnaire des rimes françaises*, 2 vol.
210 — *Précis de la Révolution française*, 1 vol.
211 — *Traité d'économie sociale*, 1 vol.
212 — — — — 1 vol.
213 — *Manuel des rimes française*, 1 vol.
214 — — — —
215 — — — —
216 — — — —
217 — — — —
218 — — — —
219 — — — —

220 ANONYME, *Manuel des rimes françaises*, 1 volume.
221 — — — — —
222 — — — — —
223 — *La Parole et l'Épée*, 1 vol.
224 — — —
225 — — —
226 — — —
227 — — —
228 — — —
229 — — —
230 — — —
231 — — —
232 — — —
233 — — —
234 — — —
235 — — —
236 — — —
237 — *Manuel des rimes*, 2 vol.
238 — 3 volumes divers.
239 — *Voyages pittoresques dans l'Inde*, 3 vol.
240 — *Rimes françaises*, 2 vol.
241 — —
242 — *Voyages pittoresques dans l'Inde*, 2 vol.
243 — 5 volumes pour enfants.
244 — 3 —
245 — 6 volumes divers,
246 — *Œuvres de Ducis*, 5 vol.
247 — *Assemblée nationale d'Espagne*, 2 vol.
248 — *Œuvres de Parny*.
249 — *Beauté de l'Inde*, 2 vol.
250 — *Rome et Carthage*, 1 vol.
251 — *Rimes françaises*, 2 vol.
252 — *Révolution française*, 1 vol.
253 — 1 album d'étude.
254 — *Études de paysages*, 1 vol.
255 — *Mœurs et usages du Grand-Duché de Bade*, 1 vol.
256 — *Atlas gymnastique*, 1 vol.
257 — *La vie d'Ésope*, 1 vol.
258 — *Cours de paysage*, 2 vol.
259 — *Mathilde*, 1 vol.
260 — *Monographie de la ville de Lyon*.
261 — *L'Enfer* (le Dante), 1 vol.
262 — *Les Chefs-d'œuvre de la peinture italienne*.
263 — Nîmes, église de Sainte-Perpétue.
264 — *Les Idylles du Roi*, 1 vol.
265 — *La Sainte-Chapelle*, 1 vol.
266 — 4 vol. divers.
267 — 4 vol. divers.
268 — 4 vol. divers.
269 — six brochures.
270 — cinq brochures.
271 — brochures et gravures.
272 — — —
273 — brochures diverses.
274 — —
275 — —
276 — —
277 — deux partitions.
278 — *La Dame de Monsoreau*, 2 brochures.
279 — un lot gravures.
280 — deux lots —
281 — une boîte avec chapelet coco.
282 — un peigne écaille, garniture dorée.
283 — une pelote, garnitures perles.
284 — une — broderie.
285 — une montre argent.
286 — un collier corail rouge.
287 — une broche avec camée.

288 ANONYME, une bague, or avec perle fine.
289 — une épingle, or avec pierre.
290 — — —
291 — deux croix, une corail et une or.
292 — un dé, argent doré.
293 — un dé, argent.
294 — une petite croix émaillée.
295 — six petites cuillères, argent.
296 — un porte-cigarettes, argent.
297 — une cuillère à punch.
298 — un bouquet en drap.
299 — un panier fruits en verre.
300 — une corbeille fleurs artificielles.
301 — un bouquet —
302 — deux pelotes.
303 — une bande festons et guipure.
304 — deux cols guipure.
305 — passementerie chenille.
306 — un tabouret pouf.
307 — une armoire à glace d'enfant.
308 — une paire flambeaux, verre.
309 — une croix, albâtre et bronze.
310 — un collier, jais.
311 — deux bracelets jais.
312 — une broche sculptée.
313 — — et une paire boucles d'oreilles.
314 — une boîte à bonbons.
315 — une boîte bois sculpté.
316 — un panier crin.
317 — — fantaisie.
318 — — —
319 — une jardinière, bois et tapisserie.
320 — un sac à bonbons.
321 — une lampe porcelaine avec pied.
322 — un encrier
323 — un vide-poche, osier et porcelaine.
324 — deux flacons à odeur, monture bronze.
325 — un coffret à odeur.
326 — une salière, avec bride plaquée.
327 — une glace à main.
328 — un porte-bouquet, cristal monté bronze.
329 — *Albert Grisar*, 1 vol.
330 — — —
331 — — —
332 — — —
333 — *Voyage à Londres*, 1 vol.
334 — *Cercles de Paris*.
335 — *Conrad Wallenrod*.
336 — *Le Bossu*, par P. Féval.
337 — un encrier fait avec des biscayens provenant du siége de Sébastopol.
338 — un petit vase.
339 — un encrier bronze.
340 — un encrier bronze et porcelaine.
341 — un cachet bronze, hibou.
342 — deux pétrifications.
343 — cuvette et pot à eau, fil doré.
344 — un panier verre.
345 — une pétrification.
346 — *Manuel des rimes françaises*.
347 — *La prairie et l'Espion*.
348 — *César Biroteau*.
349 — un collier, imitation corail.
350 — un lot photographies.
351 — un cadre bronzé.
352 — — —
353 — *Beauxais*, 1 vol.
354 — — —

355 ANONYME, manchon et pélerine.
356 — un écran chinois.
357 — une épingle.
358 — une broche.
359 — un bracelet.
360 — une soucoupe bleue.
361 — un couteau antique.
362 — un éventail.
363 — un vide-poche, porcelaine et bronze.
364 — un cachet bronze.
365 — — par Jérôme Nathalis.
366 — une boîte forme pelote, contenant divers objets.
367 — une bobèche porcelaine.
368 — une obligation, ville de Madrid, n° 141,835.
369 — — — n° 141,836.
370 à 379 10 — — n⁰ˢ 74 à 83, série 6,649, 10 lots.
380 — une obligation municipale de Paris, n° 752,913.
381 — une — — — n° 752,942.
382 à 384 3 obligations de la ville de Venise, n° 22 à 24, série 598, 3 lots.
385 à 388 4 obligations de la ville de Venise, n° 13 à 16, série 597, 4 lots.
389 à 393 5 obligations de la ville de Venise, n° 6 à 10, série 596, 5 lots.
394 à 396 3 obligations de la ville de Venise, n° 15 à 17, série 595, 3 lots.
397 à 399 3 obligations de la ville de Milan, n° 41 à 43, série 2,632, 3 lots.
400 — une obligation de la ville de Milan, n° 4, série 7278.
401 — — — n° 14, — 2807.
402 — — — n° 69 — 550.
403 — — — n° 57, — 566.
404 — — — n° 62, — 567.
405 — — — n° 99, — 1009.
406 — — — n° 91, — 1017.
407 — — — n° 5, — 1189.
408 — — — n° 49, — 1283.
409 — — — n° 86, — 1404.
410 — — — n° 24, — 1434.
411 — — — n° 22, — 1435.
412 — — — n° 23, — 1436.
413 — — — n° 43, — 1764.
414 — — — n° 29, — 1779.
415 — — — n° 44, — 1908.
416 — — — n° 50, — 1198.
417 — — — n° 27, — 2141.
418 à 467 50 obligations de la ville de Barletta, n° 1 à 50, série 4214, 50 lots.
468 — une boîte contenant 6 cuillères à café et 4 petites pour salières.
469 — un petit pot à eau et cuvette, porcelaine.
470 — un bougeoir.
471 — un flacon d'eau de toilette.
472 — une boîte de savon crème de lys.
473 — un sachet parfumé.
474 — — —
475 — une tasse et soucoupe, faïence.
476 — un flacon, porcelaine, orné.
477 — un reliquaire en bois noir.
478 — un encrier en terre.
479 — un porte allumettes, faïence.
480 — un vide-poche, faïence.
481 — une paire boucles d'oreilles et une broche, acier.
482 — un petit sac mignon contenant un chapelet.
483 — une paire boucles d'oreilles et une broche, acier.
484 — une boîte pains à cacheter.
485 — un éventail.

486 ANONYME, un petit vase, faïence.
487 — deux verres de Bohême.
488 — *Théâtre de Corneille*, 2 vol.
489 — *OEuvres de Mme d'Épinay*, 2 vol.
490 — deux fleurs artificielles.
491 — *Saint-Evremont*, par G. Merlet, 1 vol.
492 — *Petits romans d'hier et d'aujourd'hui*, par J. Janin, 1 v.
493 — un porte-cigare mécanique.
494 — un métier pour tapisserie.
495 — une pelote et un soufflet.
496 — deux morceaux de chants.
497 — un nécessaire de bureau.
498 — un sachet.
499 — —
500 — un encrier, faïence.
501 — une boîte papier cigarettes.
502 — — —
503 — une paire guipures.
504 — un peigne diadème.
505 — 1ᵐ70 malines blanche.
506 — un portefeuille avec agenda.
507 — un éventail.
508 — —
509 — pendant d'oreille.
510 — un éventail.
511 — un panier, cuir.
512 — un foulard.
513 — une descente de lit.
514 — un canevas, Saint-Pierre.
515 — une paire flambeaux, argent.
516 — un peigne broche.
517 — six bonnets d'enfants.
518 — un sachet soie et broderie.
519 — un bracelet melchior.
520 — une croix malachite et or.
521 — un bracelet et une parure, corail.
522 — une parure, perles.
523 — un collier, jais.
524 — un bracelet fantaisie.
525 — un porte-plume, verre.
526 — un bonnet et une chemisette nouveau-né.
527 — un petit nécessaire d'écolier.
528 — un cœur, or et pierre.
529 — 7 brochures musique.
530 — une jardinière acajou.
531 — une broche roche rose et perles.
532 — une jardinière en terre.
533 — deux porte-fleurs, coupe faïence.

B

534 BABICK aîné, 63, boul. Ménilmontant, un éventail monté ivoire.
535 à 580 BAC, fab^t, rue Portefoin, étui à aiguilles et porteplumes.
581 à 586 BACOT (G.-F.), 9, rue de Fontarabie, une brochure, *Des facultés magnétiques de l'homme*.
587 BADENIER (Mme), 9, place du Panthéon, une bande, tapisserie.
588 BALLESTRAZI, à Marseille, une chemise flanelle.
589 BARDOUX. 45, r. St-Lazare, un vase forme tulipe, cristal de Bohême.
590 — — une boîte, confitures gelée de coings.
591 — — une ceinture, flanelle.

592 BARRAS (Mme), 44, r. Paradis-Poissonnière, une boucle melchior.
593 — — une ceinture maroquin bleu.
594 — — une ceinture noire.
595 — — une boucle de ceinture jais.
596 — — garniture boutons jais.
597 — — une ceinture noire.
598 — — une carte boutons échantillons.
599 — — une pièce passementerie jais.
600 — — une boucle argent.
601 BARTHOLY, (ancien curé de Fontenay-sous-Bois), un réveil-matin.
602 BAUDIN, 1, rue Perronnet, une montre argent.
603 — — une broche or avec camée.
604 BAWOSKY, une montre or.
605 — une paire boucles d'oreilles or.
606 — une bague argent.
607 — une bague or.
608 BESSÈDE fils, 50, rue Paradis, à Marseille, une caisse de 12 bouteilles, huile d'olive.
609 BECK, 31, rue Baubourg, un camé gravé.
610 — — un bracelet, argent doré.
611 — — —
612 BEL (J.), à Marseille, un tabouret pliant.
613 BELLERY, 212, faub.-St-Antoine, *Monte-Christo*, 1 vol.
614 — — *La Coupe de corail*, 1 vol.
615 — — 3 vol. divers.
616 BENEL, (Mme), 3, r. Pagevin, un portefeuille avec broderie en perles.
617 — — une boucle de ceinture.
618 — — une broche vieil argent.
619 BÉRANGER (Mlle), 11, rue Mazagran, un sachet.
620 BÉRARD (Mme), 4, b^d du Temple, *Le Leman*, 2 vol. par Bailly de Lalonde
621 — — *Histoire des Républiques Italiennes du moyen-âge*, par Sismondi, 10 vol.
622 BÉRARD, rue Noailles, diverses brochures d'actualité.
623 BERÇOIT (Mme), 92, boulevard de Reuilly, une bonbonnière.
624 — — un éventail.
625 — — une tapisserie pour chaise, broderie.
626 BÉREUX (Mlle), 16, rue de Hanovre, une poupée.
627 BERNARD (Mlle), à Marseille, r. Saint-Ferréol, un rosier fleurs artificielles.
628 BERNARDIN (Mme), 1, rue Stephenson, deux ceintures de dames.
629 — — une parure velours.
630 BERROT (Mme), 112, r. Turenne, un collier et deux bracelets en perles.
631 — — un collier blanc, un bracelet.
632 — — deux bracelets deuil.
633 — — un éventail, monture ivoire et soie.
634 BERRURIER, 8, r. d'Angoulème, un pot au lait, porcelaine décorée.
635 — — un zouave en porcelaine.
636 — — un Enfant Jésus en plâtre.
637 BERRY (Mlle), une poupée bretonne.
638 BERTHE (Mme), 8, r. Cloître-St-Jacques, une pelote avec guipure et coffret.
639 BERTHIER (Ferdinand), 18, r. Mabillon, *Le Code Napoléon*, 1 vol.
640 — — —
641 BESSAND, à la Belle-Jardinière, une robe de chambre.
642 BILLION, 14, rue Citeaux, un jeu de patience, ivoire.
643 BILLION (Mme), 14, rue Citeaux, un pot à eau et cuvette étagère.
644 — — un petit vase porcelaine.
645 — — une boucle, un flacon. et une broche.
646 BILLION (A.) rue des Ciseaux, une paire pantoufles.
647 — — *Le Génie du Christianisme*, 1 vol.
648 — — *Mon oncle André*, 1 vol.
649 — — *Le Manoir*, 1 vol.
650 — — un cabaret, 6 verres, flacons et plateau.
651 — — 2 petits vases bleus.
652 BILLON (Célestine) à Marseille. une boucle, un flacon et un nécessaire.
653 BIRER, un remontoir argent.

654 BIRGHAUS, 44, r. Paradis-Poissonnière, une coupe, cristal et bronze.
655 — — une coupe, vieux chêne bronze.
656 BLANCHECOTTE (Mme), 3 vol. architecture.
657 — un album des dames.
658 — *A travers le Monde.*
659 BLANCHET (Mme), 6, r^lle Malassis, une bague or, chaton améthyste.
660 BLANQUI, boulevard de la Corderie, une chaise-fauteuil.
661 BLIN (Mme), 71, r. Saint-Sauveur, un panier, une croix et une médaille, venant de l'Ile-Réunion.
662 — — une paire boucles d'oreilles, une croix, une étoile.
663 — — une croix.
664 — — un col, une paire de manchettes.
665 — — une paire guêtres grises.
666 à 677 BLOCQUET (Ch.), *Le grand Dîner parisien*, une gravure.
677 *bis* BLOT et DROUARD, rue des Enfants-Rouges, deux statuettes.
678 BOLOGNINI, 2, rue Rotrou, un beurrier, faïence forme melon.
679 — — *République de Venise*, 1 vol.
680 — — Un chien biscuit.
681 BONABEL (Élisa), 2, place Louvois, un encrier, chêne sculpté.
682 BONARDEL, 10, r. de la Sourdière, deux boîtes avec peinture.
683 BONHOMME, 101, rue des Mathurins, une broche avec pierres.
684 BONNEMÈRE (Eugène), 31, r. de Boulogne, *Histoire des Paysans*, 2 vol.
685 BONNET, 31, place de la Bourse, un panier à bonbons.
686 BONNIOT, MARTOREL fils et BERGERON, à Marseille, rue Saint-Ferréol, une paire de lampes modérateurs.
687 BONHOURE (de), à Saint-Germain-en-Laye, *La Guerre de sept mois*, 1 vol.
688 BONTEMPI, à Marseille, une cravache.
689 BORD, 14, boulevard Poissonnière, un piano boule.
690 BORSARELLY, à Marseille r. St-Ferréol, une tournure à cœur.
691 BORTOLI, à Marseille, r. St-Ferréol, un cabaret cristal de Bohème.
692 BOSSU, *Anthropologie*, 3 vol.
693 BOUGRAULT, 98, boulevard Sébastopol, *Chefs-d'œuvre du théâtre moderne*, 2 vol.
694 — — *Œuvres de Molière*, 1 vol.
695 BOUGRAULT (Mme), 98, b^d Sébastopol, deux tapisseries pour tabourets.
696 BELLERY, 212, faubourg Saint-Antoine, une lampe porcelaine.
697 BOUILLERHE, 16, rue Drouot, un panier à bonbon, paille d'Italie.
698 BOUILLERY, (Mme V^e), un samavare.
699 BOUISSON, à Neuilly, un porte-cartes cochinchinois.
700 BOULANGER (Mme V^e), 7, r. Guénégaud, *Échos de la Sorbonne*, 2 vol.
701 — — 4 vol. divers.
702 BOURDON (Mlle Marie), une courroie pour lettres.
703 BOURGEOIS (Mathilde), 37, r. Poissonnière, un panier à ouvrage.
704 BOURGOGNON (Mme) 61, faub.-St-Honoré, deux coupes onyx.
705 BOUSQUET, à Marseille, une boîte pistolets.
706 BOUQUET, — *Provence amoureuse*, 1 vol.
707 BRESSIER (Alp.), — Types Marseillais.
708 — — —
709 BRETON, 22, boul. St-Michel, un album à dessin, cuir de Russie.
710 BRETEAU, 4, rue d'Anjou, un médaillon émaillé, avec pierre.
711 BRIANT, 6, rue Louis-le-Grand, un coupe papier, bronze.
712 BRIOU-MORÉ, 23, rue du Mail, un porte-allumettes, bronze.
713 BROCARD, 23, rue Berthe, une bouteille en verre émaillé.
714 BROUTY, 42, rue de Trévise, un porte-allumettes bronze.
715 — — un album d'architecture.
716 BRUCH FOUCHER et Cie, à Mareuil-s.-Ay, un bon pour 12 bouteilles de Champagne.
717 BRUNEL (Mme) à Pont-à-Mousson, un râtelier à cannes.
718 BRUNO et LAURENT, 19, rue de Cléry, un coupon d'étoffe pour meubles.
719 BUGENAUX et HOLLEY, 204, r. St-Honoré, un manchon, ventre de gris.
720 — — un manchon astrakan perle.
721 — — un manchon, fausse hermine
722 — — un manchon, astrakan noir.
722 *bis*. — — un manchon, astrakan noir.

722 ter. BUGENEAUX et HOLLEY 204, R. St-Honoré, un manchon, astrakan noir.
722 quater. — — boa renard de Sibérie blanc.
723 — — toque velours, brodé castor.
723 bis. — — boa lynx.
723 ter. — — col, ventre de gris.
723 quater. — — berthe, petit gris.
724 — — col, ventre de gris.
725 — — Cravate amazone, petit gris.
726 — — Manchon de chasse, astrakan.
727 BUISSON (Mme), 5, r. du Théâtre, une blague à tabac, caoutchouc.
728 BUISSON, 5, rue du Théâtre, un porte-aiguille.
729 BUISSON, à Marseille, une caisse fruits glacés,
730 — — 5 flacons sirops assortis.
731 — — 6 —
732 B. J. (Mlle), un porte-carte visite, ivoire.
733 — une coupe chinoise.

C

733 bis. CADART et LUCE, 58, r. Neuve-d.-Mathurins *Illustrations nouvelles*, 1 vol.
733 ter. — — — —
734 — — — —
735 CAHEN (Mlle Cécile), quatorze partitions de musique.
736 CAIRE frères, à Marseille, une pièce percale blanche.
737 CAMPION, 80, r. Taitbout, une tabatière avec sujet: *Marie-Antoinette*.
738 CANUT (Paul), 87, r St-Lazare, un porte-allumettes, terre cuite.
739 — — un poignard.
740 — — un encrier, bronze et marbre.
741 CARDON, 9, rue Mansard, un coussin velours brodé.
742 — — un sachet.
743 CAROT (Ve), 13, rue des Martyrs, une montre argent.
744 CARROT, 37, rue Crozatier, album Iconobiographique de la T.-S. Vierge Marie.
745 — — —
746 CARPENTIER (Mlle) *Vouloir c'est pouvoir*, 1 vol.
747 — *Souvenirs de mon grand-père*, 1v.
748 CARRÉ (Mme). 102, boulevard Sébastopol, une corbeille en soie.
749 CARRÉ, 102, boulevard Sébastopol, le *Buffon des Familles*, 1 vol.
750 CASTELS (Mlle), à Bois-Colombe, *Histoire anecdotique*, 1 vol.
751 — — *Perles de la Littérature Contemp.*
752 CASTETS (Mlles), 50, r. des Bourguignons, *Edma et Don Léa*, 2 vol.
753 — — *Laure, Mariette*, 2 vol.
754 — — *Edma, les deux amis*, 2 vol.
755 — — *Histoire universelle*, 1 vol.
756 CALLY, 5, rue Tiquetonne. un pot à tabac.
757 CASSOUTE, r. Nonailles, 12 paniers à remplir de fruits au goût du gagnt
758 CALLY, 5, rue Tiquetonne, *Le feu du Ciel*, 1 vol.
759 — — — *La prisonnière*, 1 vol.
760 — — — Historiettes, 1 vol.
761 CATON, 9, rue de Braque, un écrin contenant six petites cuillères.
762 CAUDRON, 2 bis, imp. Tenaille, un fouet.
763 CAUSSEMILLE, à Marseille, un paquet d'allumettes-bougies.
764 — — un paquet d'allumettes-bougies.
765 — — un paquet d'allumettes-bougies.
766 — — un paquet d'allumettes-bougies.
767 — — un paquet d'allumettes-bougies.
768 — — un paquet d'allumettes-bougies.
769 CAVILLA (M. et Mme), rue de Parme, Gargoulette vénétienne.
770 CERF, 17, rue d'Aumale, deux portefeuilles des arts industriels.
771 — — les *Noces de Figaro*, une partition.
772 CÉSAR (Mme), 13, rue Linné, deux ronds de serviette tapisserie.

773 CHAIX, 20, rue Bergère, une suspension, porcelaine et bronze.
774 CHAMPENOIS (Mme), rue de la Jussienne, une pelote.
775 CHANDAVOINE, 21, rue Tierce, un filtre à café.
776 CHAPELAIN, r. N.-D.-des-Champs, une brochure *Tête de Cérès*.
777 CHAPELIN, *Contes et fables*, 1 vol.
778 — *Théâtre du Vaudeville*, 1 vol.
779 CHAPUIS (Mme), 148, boulevard Magenta, un éventail.
780 CHAPUZOT (Mme), 2, r. Pasquier, deux porte-fleurs porcelaine.
781 — — un vase verre colorié.
782 — — une tasse et soucoupe porcelaine anglaise.
783 — — une corbeille faïence avec plateau.
784 — — un verre de Bohême,
785 — — un petit vase en terre.
786 — — une boîte contenant la garniture d'une pai. de pantoufl. russes.
787 — — un panier bonbonnière,
788 — — un carnet ivoire.
789 — — un coupe-papier écossais.
790 — — une pochette tapisserie.
791 — — un bracelet russe, argent.
792 COQUEREL fils, 3, rue de Boulogne, une paire de vases cristal.
793 COLOMBIER-MURAL, 35, rue Richelieu, 2 albums de piano.
794 CHARLET (Mme), 31, rue Saint-Lazare, deux vases porcelaines.
795 CHARNIEZ, à Marseille, un canevas oiseaux.
796 CHARIAT (Mme), 44, r. Paradis-Poissonnière, un porte-cigarettes bronze.
797 — — un petit charriot porte-allumettes.
798 — — une petite coupe porcelaine.
799 CHATELAIN, 7, rue des Canettes, une glace à main.
800 CHAUFFARD, rue des Feuillants, *La Guyane française*, 1 vol.
801 CHAUMEL (Mme), 5, quai Voltaire, un coupe-papier, bronze.
802 CHAVENT (Mlle), 39, rue aux Ours, un coffret.
803 CHENIER (Mlle), 28, r. de Varennes, deux tasses et soucoupes faïence.
804 — — un petit piano, porcelaine.
805 — — un encrier en coquillage.
806 CHENU (P.), 46, r. des Lombards, un bouquet de fleurs en sucre.
807 CHERUS (Denis), 193, rue Saint-Denis, une lampe porcelaine.
808 CHEVALIER, 27, faubourg Montmartre, une boîte parfumerie.
809 — — une boîte eau de la Néva.
810 CHOQUET (Félix), à Saint-Denis, un châle imprimé.
811 — — —
811 bis CHOCQUEEL, (W), 18 et 20, r. Vivienne, un panneau d'Aubusson.
812 COGNAT, à Marseille, rue Arbre, un chapeau d'enfant.
812 bis — — — un chapeau d'enfant.
813 — — — un chapeau d'enfant.
813 bis — — — un chapeau d'enfant.
814 COHEN DAVID — 8m85 c. dentelles.
815 COLLAUX, 122, rue du Temple, breloques argent: *renard*.
816 — — — *bouc*.
817 — — — corail, *chien*.
818 COLLET, 43, rue Vieille-du-Temple, un balai.
819 COLLET frères, 5, r. Paradis-Poissonnière, tête à tête, six pièces porcelaine
820 COLLET, rue Paradis-Poissonnière, gérant de Londres, un vase grès.
821 COLIN DAMONT et Cᵉ, 74, f. St-Antoine, un fauteuil mauresque.
822 COMBIER. *Voyage en Californie*, 1 vol.
823 — *La France mystique*, 2 vol.
824 — *Voyage en Californie*, 1 vol.
825 — *L'esclavage*, 1 vol.
826 — *Histoire du peuple Américain*, 2 vol.
827 COMITÉ DE DAMES (le), une riche poupée.
828 — un prie-dieu d'ivoire dans un panier.
829 COMPAGNIE DES INDES, 80, rue Richelieu, dentelles et guipures.
830 — — —
831 — — guipures pour jupes.
832 — — dentelles.
833 COMPAGNIE DU BOIS DURCI (La), r. du Grand-Chantier, un guéridon.
834 — — une jardinière.

835 COMPTOIR de la RIVE GAUCHE, 31, rue des Saint-Pères :
une Vierge, albâtre, sous globe.
835 *bis.* — — un presse-papier, verre et portrait.
835 *ter.* — — un presse-papier, paysage,
835 *quater.* — — un porte-cigares, cuivre.
836 — — un droit d'encaissement de 500 fr.
836 *bis.* — — — —
836 *ter.* CONSIDÉRÉ, 28, rue Montholon, une paire de globes cristal
pour lampes.
836 *quater.* COQUEREL fils, 3, r. de Boulogne, une jardinière thuya et cuivre.
837 — — un vase porcelaine et brouze
837 *bis.* CORBET (Mme), 74, r. de l'Université, un coussin plume de paon.
837 *ter.* — — un coussin broderie.
837 *quater.* — — un coussin broderie.
838 — — un sac à ouvrage.
839 — — une bande de fauteuil brodée.
840 — — deux sacs à marrons.
841 CORBET, rue Paradis, un verre d'eau.
842 — — une coupe porcelaine Chine.
843 — — une fumeuse.
844 CORNILLON, 61, boulevard Sébastopol, deux petites coupes.
845 COSMANN, 26, rue Pasquier, un bracelet cornaline,
846 COSMANN (Mlle Pauline), 26, rue Pasquier, une coupe porcelaine
ornée.
846 *bis.* COTTIN, 267, rue Montmartre, un ouvrage au crochet.
847 COTINET (Mme), 12, rue Chaussée-d'Antin, *la Musique*, chromo.
848 — — *le Dessin,* —
849 COURCELLES (Mme de), Chaussée-d'Antin, une boîte.
850 — — un plateau caoutchouc
durci.
851 COURTHÉOUX, 44, r. Paradis-Poissonnière, un bon portrait-carte.
852 — — un bon portrait-carte.
853 — — un bon portrait-carte.
854 — — un bon portrait-carte.
855 — — un bon portrait-carte.
856 — — un bon portrait-carte.
857 — — un bon portrait-carte.
858 — — un bon portrait-carte.
859 — — un bon portrait-carte.
860 — — un bon portrait-carte.
861 COURTHÉOUX, 112, rue Lafayette, deux bons pour photographie.
861 *bis.* — — —
861 *ter.* — — —
861 *quater.* — — —
862 — — —
862 *bis.* — — —
862 *ter.* — — —
862 *quater.* — — trois bons pour photographie.
863 CONSTITUTIONNEL (Le Directeur du), bon pour un abonnement
d'une année.
863 *bis.* CRIQUET-GUITON, à Marseille, r. Saint-Ferréol, un chale tartan.
863 *ter.* CROIZET (Mme), 1, rue de la Banque, un bénitier et une lampe
égyptienne.
864 CROIZET (Mme), 1, rue de la Banque, un presse-papier et une
tabatière.
865 — — une tasse et sa soucoupe,
métal anglais.

D

866 DODRET (Mme de), 62, faubg Poissonnière, un timbre.
867 — — un thermomètre bronze.
868 DALLOT (Mme), 13, faub Poissonnière, un verre d'eau cristal.

869 DANHAUSER (A.-L.), profes. au Conservat., une partition, musique,
chœurs.
870 — — —
871 DAUVERNE, 24, r. des Grands-Augustins, *La trompette*, (méthode)
872 — — *La trompette*, (méthode)
872 *bis* DAUX (A.). *Recherche sur l'origine des Emporia phéniciens.*
873 DAVID (Edouard), 2, rue Mons.-le-Prince, une vanette en osier fin.
874 DAVID (Théophile), — deux cache-pot en osier fin.
875 DAVID, 351, rue Saint-Denis, une tabatière, une pipe.
876 — — un peigne fin.
877 — — un peigne diadème.
878 DAVID, balle de fusil de rempart.
879 DEBERNY, 17, rue des Marais, *Fables de Lafontaine.*
880 DEBIT DE TABAC, 8, place du Nouvel-Opéra, une boîte cigarettes
de la Havane.
881 — — un porte-monnaie
écaille.
882 — — un porte-cigarettes
écume et ambre.
883 DECHAYANNE, 60, rue du Chât. d'Eau, deux porte-cigarettes.
884 DEGER, 11, fbg Poissonnière, un petit cheval zinc.
885 DEGER (Mlle), 53, rue des Petites-Ecuries, une bague émail et
pierre fine.
886 DEHOIX, 8, rue des Vieilles-Haudriettes, une poupée.
887 DELAHAYE (Mme), 461, rue Saint-Honoré, un bouquet artificiel.
888 DELAMARE, 8, rue Volta, un porte-monnaie cuir de Russie.
889 DELAPRÉE (Henri), à Sablonville, un caillou peint. Plage de
Trouville.
890 DELHOMME, café Anglais, b^d des Ital., un bon 25 bouteilles Pichon L.
891 DELMOTTE, (Mme), 13, rue Billault, un encrier marbre.
892 DELVIELEUSE, 15, r. Rochechouart, une paire pantoufles tapisserie.
893 DEMOULIN (Mme), 101, rue Saint-Denis, un thermomètre et un
semainier.
894 DEMOULIN (Mme), 101, rue St-Denis, une petite boîte formant
pelote et sac à ouvrage.
895 DENAMUR et GUÉRIN, 26, r. Vieille-du-Temple, deux vide-poches paille.
896 DÉPAELMELAERE (Mme), une douzaine mouchoirs vignettes.
897 DERCHE-GIRARDE, à St-Quentin, un jupon percale et broderies.
898 — — un jupon percale et broderies.
899 — — un jupon percale et broderies.
900 DERIER et Co, 24, rue N.-D. des Champs, un album spécimen
thypographique.
901 DERLON (Mlle Caroline), 24, r. de la Tombe-Issoire, un vase porcel. décorée
902 DÉROY, A., 58, rue Amelot, cerf et biche, imitation bronze.
— — un chien immitation bronze.
903 DERVANT, 13, rue Duviver, un plat Bernard Palissy.
904 — — une pipe de Toulon.
905 — — un collier.
906 — — un vide-poche porcelaine.
907 — — une tabatière en ivoire.
908 — — une poudrière en bois verni.
909 — — —
910 — — un vase en terre émaillée.
911 — — une cruche en biscuit anglais.
912 — — une paire de consoles en terre cuite.
913 — — une terre cuite.
914 — — un porte-cigares mécanique.
915 DESARTIGUES, 49, r. de Bercy, deux dessous de lampe en laine.
916 — — une paire pantoufles tapisserie.
917 DESBAUX, 42, rue Miroménil, un bas de jupon gaufré.
918 DESGRANGES (Mme), 19, avenue de Châtillon, une paire de vases verre bleu.
919 — — un petit pot à crême porcel^e.
920 — — une statuette biscuit.
921 — — un encrier porcelaine dorée.
922 DESMARAIS ainé, à Moret (S.-et-M.), un hamac brésilien.
923 à 934 DESMONTS (Karl), 6, rue de la Ferme des Mathurins,
une partition, *Les Larmes d'Exil.*
935 DESWATTENN (Émile), un morceau de musique pour flûte.

936 DESTINI (Mme et Mlle), à Caen, un carnet de dame.
937 — — — un porte-cigares.
938 DESTINI, à Caen, garniture fleurs artificielles.
939 — — —
940 DEVAMBEZ, 5. pas. des Panoramas, Bon pour une ramette de papier vergé timbré en couleur et 100 enveloppes, un cachet cornaline taillée.
941 DEVAUX, 25, place Gaillon, bon pour une robe de 250 francs.
942 DEVERGIE (Mme), 49, rue Rochechouart, deux petits vases en verre de Bohême.
943 DEVILLERS, 15, aven. de Saxe, 20 *Livraisons : Parcs et Jardins*.
944 — (Mme), 50, rue des Petites-Écuries, tabouret, fauteuil pliant.
945 DIDIOT (Mlle), 3, av. des Amandiers, un vase opaque, avec sujet.
946 — — *OEuv. de Molière*, 2 vol.
947 — — *Rousseau : Confes*, 2 vol.
948 DIONY (F.), *L'Ame*, 1 vol., et une broch., *Astronomie*.
949 — — —
950 DOLIVET (Famille), une paire petites bottes cristal.
951 DOLIVET (famille), une paire écrans soie.
952 — une bourse brodée perles.
953 — un mouchoir, broderie suisse.
954 DORIVAL (Mme), 88, rue Richelieu, un stéréoscope.
955 — — *Paris-Théâtre*, 1 petit vol.
956 DRANER, 50, rue Fontaine, un album (types militaires).
957 DREYFUS (Maurice), 94, r. St-Lazare, *Nouveau cabinet des fées*, 1 vol.
958 — — *L'enfant du naufrage*, 1 v.
959 DRIOU-MORÉ, 23, rue du Mail, un coffret Thuya.
960 — — un mouchoir brodé.
961 — — une ménagère, acier.
962 — — une porte-monnaie, ivoire.
963 DROGHEYS (Mme), 105, rue de Sèvres, une machine à coudre.
964 DUBOIS ET WEBER, 3, place de la Bourse, une pipe écume.
965 — — Id.
966 DUBREUILH (Mme), 136, boul. Magenta, une cravate tricot.
967 DUBROT (Mlle), 7, rue Joquelet, un bonnet en dentelles.
968 DUBRO, 7, rue Joquelet, une parure dentelles.
969 DUBRUX (Mlle), 48, faubourg Saint-Honoré, une pelote brodée.
970 DUBUC, 14, rue des Amandiers, une pompe.
971 DUBUISSON, 40, rue Rambuteau, une montre or.
972 DUBUISSON (Mme), 26, v. Voltaire, une boîte à thé chinoise.
973 DUC, à Marseille, rue Nouilles, un porte-cigares.
974 — — — deux vases en verre.
975 DUCHATEAU (Mme), 63, rue Montorgueil, un bonnet d'enfant.
976 DUCLAIRE (Mme), une lampe avec pied bronze.
977 DUCLAIRE (Mme), une broche ivoire de Dieppe.
978 DUCLERC — une broche argent doré.
979 DUCLOS (D^r), à Méreux-sur-Oise, une porte-cigare.
980 DULOCLE, bon pour l'entrée d'une année à l'Opéra-comique.
981 DUMESNIL (Mme), 37, rue Villiers, une pelote.
982 — (Mlle) — une paire pantoufles brodées.
983 DUMONT (Mlle), 41, r. des Martyrs, *La Bible*, 1 vol.
984 à 1033 DUPONT-HENRIQUEL, une gravure, *Jeanne-d'Arc*.
1034 DUPUY, chef d'institution à Pernes (Vaucluse), 1 pet. vol. un calendrier des calendriers
1035 DURAND, 7, r. des Gravilliers, une salière montée sur métal blanc.
1036 — — —
1037 DUTERTRE, 20, passage Bourg-l'Abbé, l'*Afrique française*, 1 vol.
1038 — — l'*Empire de Maroc*, 1 vol.
1039 — — —
1040 — — —
1041 DUTOT (J.) et Cie, 14, r. des Quatre-Jardiniers, un christ en bronze.
1042 DUVAL, 15, boulevard de la Madeleine, un pouff.
1043 DUVAL, 70, rue Amelot, une queue de billard.
1044 — — —
1045 DUVAL, à Marseille, toile à draps.

1046 DUVINAGE, 44, r. Paradis-Poissonnière, un encrier bois noir, avec pompe.
1047 — — un sucrier.
1048 — — une boîte de couleurs.
1049 — — Id.
1050 — — deux carnets.
1051 — — un portefeuille.
1052 — — deux carnets.
1053 DYBOUSKA (Mme), 7, r. Rotembourg, une boule bleue en verre.
1054 — — une bourse, une boucle d'oreille.
1055 D. M. (Mme), un petit tapis de pied (drap.)
1056 D. (Mme), un coco sculpté.

E

1057 ELIAERS, 102, rue de Charonne, un fauteuil pliant.
1058 ÉLIE (Mme), rue Aumaire, un devant de chemise brodé.
1059 ELLYUN, 14, faubourg Saint-Martin, une canne poignée ivoire.
1060 ELY, 123, rue Oberkampf, une boîte de couleurs.
1060 *bis.* —
1060 *ter.* EMMA (Mlle) à Saint-Mandé, un petit nécessaire en argent.
1061 ÉNAUD, un peigne argent.
1061 *bis.* ERB, lingère, 3, r. des Grands-Augustins, une parure dentelle.
1061 *ter.* ENTRAYGUES fils, 10, r. N^{ve}-des-Capucines, 11 flacons salaisons et conserves.
1061 *quater.* — — 12 flacons salaisons et conserves.
1062 ESCUDIER (Léon), 21, r. Choiseul, *Jérusalem*, opéra.
1062 *bis.* — — *Rigoletto*, opéra,
1062 *ter.* — — *Une Folie à Rome*, opéra.
1062 *quater.* — — *Le Songe d'une nuit d'été*, op.
1063 — — *Le Caïd*, opéra.
1064 — — *Soirées orphéoniques*, 3 vol.
1065 — — *Les Masques et Orphée*.
1066 — — *Le Trouvère*, opéra.
1067 — — *Macbeth*, opéra.
1068 — — *Le Docteur Crispin*, opéra.
1069 — — *Les Ruines d'Athènes*, Ernani.
1070 — — *Rêve damour*.
1071 — — *Le premier jour de bonheur*.
1072 — — *Don Carlos*.
1073 — — *Violetta*, opéra,
1074 — — Pierre de Médicis au travers du mur, op.
1075 — — *La Tonelli, Alceste*, opéra.
1076 ESTAMPES (le comte d'), 36, boul. Haussmann, une tabatière or.
1077 — (la comtesse d') une jardinière tapisserie.
1078 — — un bracelet opale.

F

1079 FABRE (Ferdinand), 18, rue Chabrol, un plat grisaille (Clodion.)
1080 FACTORERIE GÉNÉRALE, 3 bis, Cité d'Antin, 2 bouteilles vin Frontignan, marque Ponset et Ce.
1081 à 1097 FAIENCERIE de Choisy-le-Roi, faïences diverses.
1098 FARE (Adolphe), 5 morceaux de musique.
1099 — 5 —
1100 — 6 —
1101 FARE (Ad.), 5 morceaux de musique.
1102 FAVRE (Pierre), à Marseille, 3 b. malaga vieux et 3 b. madère vieux.
1103 — 3 b. malaga vieux.
1104 FAYARD (Mme), 24, r. de la Tombe-Issoire, un presse-papier, chien en biscuit.
1105 — — un porte-cigares, porcelaine.

1106 FEIGE (Mᵐᵉ), 53, r. Rivoli, un pelote satin jaune avec guipure.
1107 FÉLIX (Mᵐᵉ), 37, rue du Panthéon, un pot au lait, faïence
1108 FÉLIX, 27, r. du Panthéon, 2 cigares venant de la guerre d'Italie.
1109 FÉLIX (Raphaël) Bon pour deux entrées d'une année au théâtre Saint-Martin.
1110 — Bon pour deux entrées au Théâtre-Français de Londres.
1111 FÉRAY et Cᵉ, 29, rue du Sentier, une nappe et 12 serviettes à thé, toile damassée.
1112 FERCHON (Mᵐᵉ), 14, rue des Quatre-Vents, un presse-papier.
1113 FERCHON (Mᵐᵉ veuve), 14, r. des Quatre-Vents, une grande tasse et soucoupe en cristal.
1114 FERRARI (Mathieu), à Marseille, un christ.
1115 FERRÉ (Octave), *Le Livre des Fiancés*, 1 vol.
1116 — *Le Livre des Fiancés*, 1 vol.
1117 — *Le Livre des Fiancés*, 1 vol.
1118 FERREY et MUSSAULT, 49, rue Meslay, un médaillon argent doré, avec camée.
1119 — — —
1120 FIERS (Mᵐᵉ), 60, r. de Rome, une pelote soie verte avec dessus dentelles.
1121 FILLE (une petite), un panier en pépins d'Égypte.
1122 FISCH, 68, boulevard Sébastopol, un nécessaire-toilette garni.
1123 FLAXLANT, 4, pl. de la Madeleine, *les bonnes Traditions*.
1124 — — *Echos d'Italie et d'Allemagne*.
1125 — — *Chilpéric et les Bergers*.
1126 — — 2 v., *les 58 Sonates* (Beethoven).
1127 — — 2 v., *Echos du temps passé*.
1128 — — 50 mélodies de Robert Schumann.
1129 — — 29 mélodies de Robert Schumann.
1130 — — 40 mélodies, par plusieurs auteurs, et échos d'Italie.
1131 FLÉGIER, à Marseille, album de musique.
1132 FLEURY (Mᵐᵉ), 5, rue des Saussaies, une boîte, une bourse, une broche.
1133 — — un œuf contenant un chapelet.
1134 — — une pelote, un porte-aiguilles, un petit soufflet.
1135 FLEURIOT, 20, rue Richer, une chaise brodée.
1136 FLOURY (Jules), 37, boul. de Strasbourg, un paire candélabres porcelaine.
1137 FLORE (Mᵐᵉ), 44, r. Paradis-Poissonnière, une paire de vases décorés.
1138 FORNERET (Xavier), 5, r. de Calais, *Broussailles de la pensée*, 1 vol.
1139 FORRET, à Marseille, un bouquet fleurs artificielles.
1140 FORTIER, 55, r. de Cléry, une chambre noire pour photographie.
1141 FOURIER et LAMOUROUX, 34, faub. Saint-Honoré, une théière, métal anglais.
1142 — — — un panier bois noir et or.
1143 — — — un panier turc.
1144 FOURNIER (M. J.), 18, galerie Véro-Dodat, une paire boucles d'oreilles d'or.
1145 à 1156 FOURNIER, à Marseille, 6 livres de bougies.
1157 — — 8 —
1158 à 1166 — — un paquet de savon.
1167 FRAMATTE, 162, rue du Temple, un chapelet cornaline opale.
1168 — — — noir et blanc.
1169 — — — rouge et argent.
1171 FRÉVAL (Mᵐᵉ), 32 bis, rue Neuve-Coquenard, une lorgnette.
1172 FRÉVAL (Mᵐᵉ veuve), 36, rue — un coupe-papier cristal.
1173 FREISS, 45, rue Montorgeuil, une parure fantaisie.
1174 FURER, 102, boulevard Sébastopol, une boîte à thé russe.
1175 FADAC, 6, rue Béranger, un lardoir argent, forme poignard.

G

1176 à 1181 GAIGNEUX 13, r. Lafayette, *Lettres familières d'Italie*, 1 v.
1182 GAIFFE, 40, rue St-André-des-Arts, un bougeoir.
1183 GAILLARD (Mᵐᵉ), 12, r. Gaillon, un porte-montre, satin rose, brodé.

1184 GALARD, à Marseille, r. du Tapis-Vert, un christ.
1185 GALIBERT (Mᵐᵉ), 162, r. St-Denis, une paire pantoufles, broderie.
1186 GALINIER, fils, — r. Breteuil, une table en marbre.
1187 GALLIBERT, à Marseille, r. Montgrand, cinq b. vin blanc de Cassis.
1188 — — —
1190 GAMAS (Louis), 102, boul. Sébastopol, bon pour deux chemises madapolam.
1191 — — —
1192 — — —
1193 GANON, 9, rue de Varennes, *Un pinson mort*, bronze.
1194 GAMBIER, 108, avenue des Champs-Elysées, 2 vol. *Dictionnaire de la législation, Galeries de la Révolution*.
1195 GANDON, 15, rue des Deux-Portes-Saint-Sauveur, une camisole, un pantalon brodé.
1196 GAMOLLI, à Marseille, r. St-Ferréol, 2 kil. de chocolat.
1197 — — 2 kil. de chocolat.
1198 — — 2 kil. de chocolat.
1199 GARAUDY, à Marseille, un presse-papier, fleurs corail.
1200 — un porte-cigarette en corail, un flacon à essence, en corail.
1201 GARIBALDI et REY, 2 morceaux de musique.
1202 — 2 morceaux de musique.
1203 — 4 morceaux de musique.
1204 — 2 morceaux de musique.
1205 — 2 morceaux de musique.
1206 — 2 morceaux de musique.
1207 GOZLAN (L.), à Marseille, cinq morceaux de musique.
1208 GARIMOND (Mᵐᵉ), rue du Renard, 3, une bourse, perles acier.
1209 GASCHÉ (Mᵐᵉ), 64, rue Montmartre, un boite coquillages.
1210 GASTINE RENETTE, av. d'Antin, 39, une épée de commandant.
1211 GATINAIS, rue du Mouton-Duvernier, un verre d'eau.
1212 — — un panier garni de soie.
1213 — — —
1214 — — —
1215 GAUBERT, à Géronte-les-Bains, 1 vol. *Richesse ornithologique*.
1216 — — —
1217 GÉNISSIER, 13, r. Chauchat, 1 v. *Les Promenades de Paris*.
1218 GENS, 134, r. St-Denis, un porte-allumettes bronze.
1219 GENS (Mᵐᵉ), 134, rue Saint-Denis, un verre.
1220 GERBOT, 1, rue Crébillon, un pupitre en chêne sculpté.
1221 GILBERT (Edouard), faubourg du Temple, 21, un service à dessert, 18 pièces porcelaine Sèvres, médaillons sujets fleurs.
1222 GOANIQUE, à Marseille, un porte-carte chinois.
1223 GOLTAULT, 19, rue Favre, un collier noir en jais
1224 GONTAULT (Mᵐᵉ), 19, r. Billault, une bague or, pierre grenat.
1225 GOUGENHEIM (Mˡˡᵉ Léontine), à Strasbourg, un mouchoir dentelles.
1226 GOUNELLE (Charles), à Marseille, bon de 30 kil. d'huile d'Arochi.
1227 — — —
1228 GRAMONT (Mᵐᵉ de), 76, r. des Alpes, un piano droit palissandre.
1229 GRANGER (Mᵐᵉ), 54, r. St-Lazare, une p. de pantoufles turques.
1230 GRISARD (Mᵐᵉ), 33, boul. St-Germain, une montre en argent.
1231 GROS, 192, rue Saint-Martin, une boite Loto.
1232 GROSSETÊTE, 16, rue Grenier-Saint-Lazare, un sablier.
1233 — — deux petits vases verre
1234 — — deux flacons à odeur.
1235 — — un porte-montre.
1236 — — un tourniquet.
1237 GROSSETÊTE (Mᵐᵉ), 16, r. Grenier-St-Lazare, une brouette-baguier, porcelaine et bronze.
1238 — — un vide-poche.
1239 — — — nacre et bronze.
1240 — — — œuf, cristal et bronze.
1241 — — — Psyché.
1242 GROU (Charles), 34, rue Richer, *une fantaisie florale*.
1243 — — —
1244 — — —
1245 — — —
1246 GUÉRARD, 58, boul. Malesherbes, Encrier bois sculpté, bronze.

1247 GUÉRET, 216, rue Lafayette, un coffret à bijoux, bois sculpté.
1248 GUÉRIN, 22, b. St-Michel, deux boîtes bonbons pectoraux, deux flacons sirop pectoral, deux flacons racahout.
1249 — 22, b. St-Michel, un paquet de pharmacie.
1250 — — un paquet de pharmacie.
1251 GUETTE, 26, faub. St-Honoré, une corbeille à bonbons.
1252 GUIGNAN (Mme), 154, r. St-Merry, à Fontainebleau, un passe-montagne
1253 — — —
1254 GUILLAUMET, 5, rue Watteau, un coupe-papier, ivoire.
1255 GUILLEMOT (Mme), 139, b. Magenta, une soupière en plaqué,
1256 — — un étui à aiguilles et un porte-monnaie.
1257 — — un bracelet.
1258 — — une jumelle.
1259 — — un porte-allumettes porcelaine.
1260 — une broche.
1261 — — une chaîne de femme émail.
1262 — — un bracelet.
1263 — — un sac brodé perles.
1264 GUIMPRECHT, 7, r. de Marseille, une croix, une boucle en caoutchouc durci.
1265 — — une paire de boucles d'oreilles, une croix.
1266 — — —
1267 — — une boucle, une croix cristal.
1268 — — une croix, un compas à équerre, une paire boucles d'oreilles.
1269 — un médaillon, une croix, une paire de boucles d'oreilles.
1270 — — —
1271 — — une boucle, une croix.
1272 — — une paire de boucles d'oreilles, une croix.
1273 — — une paire de boucle d'oreilles, une boucle, une croix.
1274 — — un bracelet, une croix.
1275 — — une paire de boucles d'oreilles, une croix.
1276 — — une boucle, une croix.
1277 — — un bracelet, un médaillon, une croix.
1278 — — une paire de boucles d'oreilles, une croix.
1279 — — —
1280 — — une croix, un brac., une boucle.
1281 — — une croix, une paire de boucles d'oreilles, une boucle.
1282 GUINAT, rue Bellefond, un album chinois.
1283 GROS, 192, rue Saint-Martin, une boîte loto.
1284 GUY (Ferdinand), 60, rue du Cherche-Midi, Bénitier, vieux chêne sculpté.
1285 GUY (Mme), 80, rue St-Jacques, un porte-épingles, brodé perles.
1286 — — un petit coquillage.
1287 — — un porte-montre, marron et or.
1288 — — un porte-montre, satin violet.
1289 — — une pelote satin violet, avec guipure.
1290 à 1297 GUYOT (le Dr Jules), Institutions républicaines, 1 vol.
1298 — 4 vol. divers.
1299 — 3 vol. divers.
1300 — La Télégraphie, 1 vol.
1301 — —
1302 — — —
1303 — — —
1304 — Études des vignobles de France, 3 vol.
1305 — 5 vol. divers viticulture.
1306 GROS, 192, rue Saint-Martin, une boîte loto.

H

1307 HAAS, 14, rue de la Tour-d'Auvergne, un encrier, faïence de Nevers.
1308 HAINCELAIN, 20, rue Tiquetonne, un bracelet corozo.
1309 HAYER, pharmacien, Faubourg du Temple, un cure-dent argent doré.
1310 — — un étui perles.
1311 — — un cure-dent argent doré.
1312 — — un porte-mine argent doré.
1313 — — un porte-mine.
1314 HAINL (Mme), 91, r. Blanche, une garniture coussin guipures.
1315 HALLUS (Mme). 56, r. Saint-Dominique, un bonnet au crochet.
1316 HAMBURGER, 5 vol. divers.
1317 — 5 —
1318 — 5 —
1319 HAMEL (Mlle), 45, rue Boissy-d'Anglas, une bande broderie.
1320 — — broderie pour chauffeuse.
1321 HALADE, 4, rue Thévenot, un chapelet or et perles fines.
1322 HARAUD (Mme), 20, r. de l'Ancienne-Comédie, 40 partitions de musique.
1323 — — 40 partitions de musique.
1324 — — 25 partitions de musique.
1325 — — 16 partitions de musique.
1326 — — 19 partitions de musique.
1327 HARDY (Mlle Joséphine), 15, rue de la Tombe-Issoire, 2 paires de bobèches couleur.
1328 — — —
1329 — — —
1330 — — —
1331 — — —
1332 HÉBERT (Mme), 47, r. Brey, une poupée, forme pain de sucre.
1333 HÉBERT (Mlle), 71, boul. St Michel, un porte-bougie, porcelaine.
1334 — — une tabatière émaillée bleue.
1335 — — un cendrier marbre.
1336 — — —
1337 — — une boîte, faïence.
1338 HÉDÉLINA, rue Tombe-Issoire, un panier.
1339 HÉGUT (Mlle), 94, pl. Beauveau, deux coquetiers en verre.
1340 HENRI (Mlle Amélie), 2, Cité Trévise, un coffret vert et or.
1341 — — un porte-monnaie.
1342 — — une pelote.
1343 — — un col, une paire manchettes, une cordelière.
1344 HENRI (Mlle Amélie), 2, Cité Trévise, broderie pour pantoufles.
1345 — — —
1346 HENRION (Marie), 39, r. des Petites-Écuries, une tabatière en argent.
1347 à 1360 HENRIOT (Emma), Souven. des phases de l'Envahissement.
1362 HENRY, 188, r. Rivoli, une lorgnette jumelle, dans son étui.
1363 HERGOLLET (comtesse), un bracelet-médaillon.
1364 HERNELÉ HUSSON, 111, b. Sébastopol, un mouchoir brodé.
1365 HESSE, rue Noailles, à Marseille, un berceau.
1366 HEU, 10, Chaussée d'Antin, Vert-Vert et l'île Tulipatan, musique.
1367 — — Coppelia, la belle Meunière, —
1368 HOLLANDE (Jules), 54, r. de Charenton, un porte-montre, bois sculpté.
1369 HOMBERT, 115, rue Neuve-des-Petits-Champs, un sucrier arg.
1370 HOMEG, Séjour et promenades à Constantinople, 1 vol.
1371 — Séjour et promenades à Constantinople, 1 vol.
1372 — Séjour et promenades à Constantinople, 1 vol.
1373 — Séjour et promenades à Constantinople, 1 vol.
1374 HOQUET (Mme), un vase Delft.
1375 — coffret à bijoux.
1376 — vase de Delft.
1377 à 1386 HUGNY (Étienne), 34, r. de Malte, 1 v. Feuilles errantes.
1387 HUSSON, 23, rue de la Tour-d'Auvergne, un pot de fleurs artificielles.
1388 HONORÉ, à Marseille, une plante artificielle.

I

1389 IMBERT et Cⁱᵉ, à Marseille, 23, rue Paradis, une coupe cristal.
1390 à 1401 INGRANDE (Edm.), deux morceaux de musique.
1402 ISABELLI, 82, rue Taitbout, un encrier, chêne sculpté, avec
    porte-plumes et coupe-papier.

J

1403 JACOBI, 192, rue Saint-Martin, une parure écaille.
1404   —   —   —
1405 JACQUELIN, 83, faubourg du Temple, une jardinière en fer.
1406 JACQUY, à Vitry-sur-Seine, une poupée.
1407   —   —   —
1407 bis. JAELL (Alfred), à Genève, 20 partitions.
1408 JAMS (Mᵐᵉ), 10, rue Casimir-Périer, une suspension cristal.
1409 JEANDET, 2, passage de la Madeleine, boîte à odeur.
1410   —   — un vide-poche porcel. et bronze.
1411   —   — un étui de Spa.
1412 JECKER, 23, rue Jacob, dix bouteilles de Champagne.
1413 JIOSS (Mᵐᵉ), 20, rue Saint-Georges, une bibliothèque.
1414 JORIAUX (Edouard), 39, r. du Sentier, une pièce madapolam.
1415   —   — calicot écru.
1416 à 1427   — une robe.
1428 à 1430 JOURDAN et BRIVE, à Marseille, 4 flacons fl. d'orange.
1431 à 1433   —   — 4 bouteil. vermouth.
1434 à 1436   —   — 4 bouteilles Volnay.
1437 à 1440   —   — 6 bouteilles Volnay.
1441 à 1442   —   — 6 bout. sirops assortis.
1443 JOUENNE et fils, 2, rue d'Aboukir, une fanchon, dentelle.
1444 JOURNAULT, 11, b. de Clichy, verre ancien gravé de Hollande.
1445 JULIEN, rue Montmartre, un collier, serpent, os.
1446 JULIEN, 27, boulevard des Italiens, un carton parfumerie.
1447 JULLIEN, 23, rue des Francs-Bourgeois, un bracelet philigramme.
1448 JUILLOT (Mˡˡᵉ), 23, r. des Fr.-Bourgeois, camée pour broches et
    boucles d'oreilles.
1449   —   —   —
1450 JUMELIN, à Marseille, rue Paradis, une glace Psyché.
1451 J. B. (Mˡˡᵉ), un porte-cartes-visite, ivoire.

K

1452 KERTUKI Mᵐᵉ), 104, r. St-Dominique, une boîte ovale.
1453   —   — un petit album à photog.
1454 KAHN (Mᵐᵉ Zadoc), 6, r. Béranger, un pet. pot crist. avec soucoupe.
1455   —   — un petit pot à tabac, faïence.
1456   —   — une boîte écossaise.

L

1457 LACRETELLE, 8, boulevard Montmartre, un panier en crin.
1458 LACOUT (Mᵐᵉ), un portefeuille nacre.
1459 LAFARGE, 16, rue du Temple, 2 vol. divers.
1460 LAFAYE, 24, rue Lépic, un vitrail.
1461 LAFITTE, 16, rue Taitbout, *La Civilisation*, 1867, 3 vol.
1462   —   —   —
1463 LAFORET, *Souvenirs Marseillais*, 1 vol.
1464 LAGARDE, 5, quai Voltaire, un porte-bouquet, monture bronze.
1465 LAGESSE (Mᵐᵉ), 144, avenue du Maine, deux abat-jour.
1466 LAGORIO, une caisse vermicelle.
1467 LAISNÉ (Mᵐᵉ H.), 12, rue Rochambeau, *Le tour du Monde*,
    années 1860 à 1863.
1468 LALANNE, 5, boul. Montmartre, un portefeuille gravures.

1469 LAMAILLE (Mᵐᵉ), 4, rue Pasquier, un cache-pot en porcelaine.
1470   —   — un panier   —
1471   —   — deux vases   —
1472 à 1475 LAMARD et fils, rue St-Ferréol, à Marseille, six bouteilles
    de vins fins.
1476 LAMBERT, *Histoire de la Monarchie en Europe*. 4 vol.
1477 LAMBERT, 5, faubourg St-Honoré, un suspensoir perles.
1478 LAMIN, à Marseille, rue d'Arbre, six cuillères à huîtres.
1479 LAN (Jules), 21, r. Fontaine-St-Georges, *Parallèle entre le mar-*
    quis de Pombal et le baron Haussmann, 1 vol.
1480 LANCRÈDE, 2, cité Bergère, une bonbonnière cristal et bronze.
1481 LANGLOIS, 47, rue du Château-d'Eau, une mouchette et son
    plateau.
1482 LONLAY (marq. de), 164, boul. Malesherbes, *Légendes Normandes*, par le
    marquis de Lonlay, édition
    Elzévir in-18.
1483   —   — *Légendes merveilleuses*, par le
    marquis de Lonlay.
1484   —   — Hymnes et chants nationaux de
    tous les pays avec musique
    originale et traduction fran-
    çaise de M. le mⁱˢ de Lonlay.
1485   —   — Hymnes et chants religieux
    pour toutes les fêtes de
    l'église romaine, ouvrage
    aprouvé par S. S. Pie IX, pa-
    roles de marquis du Lonlay.
1486   —   — 2 albums de la Mode.
1487   —   — Recueils complets de tous les
    genres de poésie françaises,
    par le marquis Eugène de
    Lonlay.
1487 bis —   — *Le Printemps*, un volume.
1488 LAROCHE, 18, pass. des Champs, une monture palissandre pour
    cave à liqueurs.
1489 LAURENT (Mᵐᵉ J.), 78, boulevard Sébastopol, une table à
    ouvrage, tapisserie et une corbeille tapisserie et broderie.
1490 LEHOUSSEL, 1, rue Auber, un cachenez des Indes.
1491 LAURISSE-DUMAS, Cours Saint-Louis, 2 douzaines mouchoirs.
1492 LAUZIER et JAUGAND, à Marseille, place de la Préfecture, un
    Réfrigérant.
1493 LAZERGES, 34, r. Montmorency, une boîte conten. 2 porte-montre.
1494   —   —   —
1495   —   — une bonbonnière.
1496 LEBLANC, 28, rue de la Victoire, 5 vol. divers.
1497 LEBLANC GRANGER, 12, boul. Magenta, une étagère bijoux.
1498   —   —   —
1499 LEBOURDAIS, à Versailles, un sac en tapisserie.
1500 LEBRUN (A.), 25, rue Chapon, une boîte microscope.
1501   —   — trois coupes.
1502   —   — une longue vue.
1503   —   — une lorgnette.
1504 LECHEVALIER, 61, rue Richelieu, *Encyclopédie maritime*.
1505   —   —   —
1505   —   — 11 vol. divers.
1507   —   — *Cahiers d'un élève de Saint-*
    Denis, 15 vol.
1508 à 1548 —   — 14 vol. divers.
1549 à 1551 —   — 1 *Atlas Dufour*.
1552 LECHEVALIER (Mᵐᵉ), 9, boul. des Italiens, un chapeau fantaisie
    de dame.
1553   —   — un dᵒ de dames, velours.
1554 LECLERC (Mᵐᵉ), 9, rue de Grenelle, une boîte à jeu avec jetons.
1555 LECLERC (Mᵐᵉ), 31, Chaussée-d'Antin, un piano carré, acajou.
1556 LECLERC, 32, rue Lemercier, un petit pistolet coup de poing.
1557   —   — Une paire de pistolets.
1558   —   —   —
1559 LEMIT (Mᵐᵉ Amédée), un chrysanthème en ailes de papillon.

1560 LECOURT, 45, r. de Châteaudun, une coupe de Chine et bronze.
1561 LEDUC, 57, rue Beaubourg, *Album des Eaux minérales.*
1562 LEFAUCHEUR, au nom de S. M. le roi de Cambodge :
une boîte à bijoux, bois sculpté.
1563 — deux vides-poches, bois sculpté.
1564 — un vide-poches, faïence peinte.
1565 — deux porte-fleurs, cristal et bois sculpté
1566 — deux figurines en plâtre.
1567 — deux petits vases en faïence peinte.
1568 — deux vases en faïence décorée.
1569 — deux candelabres cristal.
1570 — deux petits vases, sujet chinois.
1571 — deux petits vases, faïence peinte.
1572 — un petit vase, monté sur bois.
1573 — un petit vase, monté sur bois.
1574 — un vide-poches porcelaine, monté sur bronze.
1575 — un vide-poches porcelaine, monté sur bronze.
1576 — un flacon japonais à odeur.
1577 — six petites tasses avec plateau, faïence et paille.
1578 — un vide-poches japonais.
1579 — deux gourdes algériennes.
1580 — un cache-nez soie.
1581 — un plateau laque, avec cinq petites tasses.
1582 — un crabe de mer, faïence.
1583 — un cochon et un chien, faïence
1584 — une boîte en laque.
1585 — une boîte en laque.
1586 — deux statuettes japonaises.
1587 — deux flacons à odeur, en laque.
1588 — un service de douze couverts, cristal.
1589 — un service à thé (Bohême).
1590 — un verre d'eau (Bohême).
1591 — un broc (Bohême).
1592 — un tapis algérien.
1593 — trois châtelaines soie.
1594 — trois châtelaines soie.
1595 — un burnous algérien.
1596 — un miroir japonais.
1597 — un flacon en bois.
1598 — un petit vase onyx.
1599 — un petit vase onyx, faïence grise.
1600 — un petit vase japonais, avec pied.
1601 — un carafon de Bohême.
1602 — un carafon de Bohême.
1603 — un carafon de Bohême.
1604
1605 LEFÈVRE (Mlle), 56, r. N.-D.-de-Lorette, deux pet. hottes fantaisie.
1606 — — un porte-allumettes.
1607 — — un dessous de lampe
tapisserie.
1608 LEFEBVRE, Marseille, une vierge.
1609 LEFEVRE — trois bouteilles Bordeaux vieux.
1610 LEFÈVRE, 44, r. Paradis-Poissonnière, une bouteille curaçao.
1611 LEFLOCH (Mme), 100, rue Lépic, une écharpe tricotée.
1612 LEFRON (Mme), 108, rue de Rivoli, un coupe-papier, un porte-
plume, un cachet.
1613 — — —
1614 — — un porte-plume et un cachet.
1615 — — deux cachets, verre.
1616 — — deux compas, deux tire-lignes
et un porte-crayon.
1617 — — —
1618 — — deux rasoirs et une petite glace.
1619 — — — —
1620 LEGENDRE, *Histoire de Paris*, 5 vol.
1621 LEGER, 24, r. Neuve-des-Petits-Champs, une glace à main, cadre sculpté.
1622 LEGRAND (Mme), 23, r. de Sèvres, un flacon antique, un panier,
un calendrier, 1815.

1623 LEGRAND, *Roméo et Juliette*, fantaisie.
1624 LELIÈVRE (Mme), une livre de bougies.
1625 LELOUP (Mme), 44, rue de Luxembourg, une pelote.
1626 LEMAIRE, r. St-Denis, une jardinière, avec bouquet violettes.
1627 LEMBAZ-MARET, r. de la Darse, à Marseille, une chemise brodée.
1628 LEMOINE, 250, r. St-Honoré, *la Reine de Chypre*, opéra.
1629 — — *Charles VI*, opéra.
1630 — — *les Mousquetaires.*
1631 — — deux partitions.
1632 — — *la Fée aux Roses.*
1633 — — 2 v., *le Panthéon des Pianistes*, 3 sonates pour piano-violon.
1634 — — *la Juive*, opéra.
1635 — — *le Panthéon des Pianistes*, 2 vol.
1636 — — *le Panthéon des Pianistes*, 2 vol.
1637 — — *le Panthéon des Pianistes*, 2 vol.
1637 *bis* LENÈGRE, 35, r. Bonaparte, deux albums pour photographies.
1638 LEPÈRE, et Ce (E.), 92, boulevard Sébastopol, un huilier.
1639 LEROUGET (Mme), 57, faub. Montmartre, une pochette velours,
avec ceinture.
1640 LEROUX (Mme), 44, rue Paradis-Poiss., une tasse porcelaine et
soucoupe.
1641 LEROUX (Ch.), 141, f. St-Honoré, quatre cadres photographiques,
bronze doré.
1642 LESPARDE (Mme de) Un vase Jaspe.
1643 à 1662 LESSEPS (M. de) *Le canal maritime de Suez*,
1 vol. illustré.
1663 LEVY (Mme), une parure émaillée.
1664 — une d° mauresque d°.
1665 LISSENHAM, à Marseille, rue Saint-Ferréol, un livre de baptême.
1666 LOIRE et ANQUIER, à Marseille, r. St-Ferréol, une robe de soie.
1667 — — — —
1668 LOCLE (du), bon pour une année entrée à l'Opéra-Comique.
1669 LORDEREAU, 28, rue Chabrol, un flacon, porcelaine coloriée.
1670 — — une boîte de mercerie.
1671 LOREAU (Mme), 30, r. de la Tour-d'Auvergne, une bouillotte métal anglais.
1672 — — deux écrans.
1673 — — *le Monde illustré*, 6 vol.
(1864-65-66.)
1674 LORIEUX (Mme), 25, rue Chapon, un col brodé.
1675 — — un mouchoir brodé.
1676 LUCOT, 98, rue Lafayette, une cafetière à esprit de vin.
1677 LUCCO (Mme de), un vide-poches, passementerie.
1678 L.-Q.-S., 28, r. de Vaugirard, une coupe en onyx.

M

1679 MABARET (Mme), 35, rue du Pont-Neuf, un petit chapeau avec
garniture.
1680 — — un bonnet d'enfant.
1681
1682 MAGNY (vicomte de), rue Buffaut, 9, un album *Monuments d'architecture et de sculpture de la Belgique.*
1683 MAIGNANT, 47, rue de Belleville, *Dict. du Commerce*, 3 vol. et
Procédure Civile, 1 v.
1684 MALIDOR, un écran plumes de paon.
1685 — une aigrette.
1686 — —
1687 — —
1688 MALSIS-ROCOURT (Mme), 15, rue du Bac, une promesse d'un
chapeau.
1689 MANDON (Mme), 55, rue Hauteville, un aquarium, bronze.
1690 MANGIN (Arthur), *Nos ennemis et nos alliés*, 1 vol.

1691 MANOUILLE, 1, rue Beautreillis, une paire boucles d'oreilles.
1692 MANUEL (Rodrigues), 6, Chaussée-d'Antin, une paire pantoufles.
1693 —   —   —
1694 MAUDUIT-BARLIER (Mᵐᵉ), à Epernon, un tapis en drap.
1695 MARCRÈCHE, 2, Cité Bergère, un vase monté en bronze.
1696 MARCARD (Mᵐᵉ), 44, r. Paradis-Poissonnière, un vide-poche sculpté.
1697 MARÉ (Mᵐᵉ), 35, rue du Pont-Neuf, un bonnet d'enfant.
1698 —   —
1699 MARGUERITE (Mˡˡᵉ), 49, r. Laval, un dessus de coussin au crochet.
1700 MARIN, avenue de Paris, à St-Denis, *Histoire des Papes*, 2 vol.
1701 MARION, 8, rue Chabanais, une capeline pour dames.
1702 MARIX, 374, rue Saint-Denis, bon pour douze cartes-portraits.
1703 MARTIN, 14, rue des Jeûneurs, 5 vol. divers.
1704 —   —   5   —
1705 à 1708 MARTIN (Mᵐᵉ), 143, rue du Temple, une broche, une paire
              boucles d'oreilles fantaisie.
1709 MARX (Alberti), 41, rue Bourbon-Villeneuve, une corbeille de
              fruits artificiels.
1710 MASCABELLY, à Marseille, r. Saint-Ferréol, un porte-tabac chinois.
1711 MASSEDO (Mˡˡᵉ), 90, rue Picpus, six pièces en tricot.
1712 MAUDON, 55, rue Hauteville, deux aquariums montés en cuivre.
1713 MAUDUIT-BARNÈRE, à Épernon, deux dessus d'oreillers.
1714 MAURICE, 45, rue Boissy-d'Anglas, une canne, tête jaspe.
1715 MAX, 3, rue Nollet, *La Vierge à la Perle*.
1716 —   —
1717 —   *Eaux fortes*.
1718 MAYER, 14, rue Lesueur, une tabatière vermeil.
1719 MAYOU et HONORÉ, rue Michel-Lecomte, une boîte à gants,
              cuir de Russie.
1720 —   —   un porte-cigares de table.
1721 MAZADE (Mᵐᵉ de), 71, boulevard Sébastopol, une bonbonnnière.
1722 MÉA (R.), 70, rue Saint-Victor, un plan de Paris.
1723 MÉGISSIER (M. A.), 28, rue Pigalle, une petite boîte à gants.
1724 —   —   —
1725 —   —   un coquillage.
1726 —   —   un presse-papier, bronze.
1727 —   .   —   un jeu de roulette.
1728 —   —   une pomme en stuc, presse-
              papier.
1729 —   —   une corbeille à bijoux,
              bois sculpté.
1730 MÉGROT, 54, boulev. Beaumarchais, une pince à sucre argent.
1731 MÉLIES   —   Deux tasses porcel. de Chine
              avec double soucoupe.
1732 MELLERIO, 9, rue de la Paix, une tabatière argent Louis XV.
1733 MÉNARD, 44, rue Delaborde, un porte-cigares, bronze.
1734 —   —   tapisserie pour pouf.
1735 MERLET, un camée.
1736 METAIRIE, faïence de Moutiers.
1737 —   —
1738 —   —
1739 MEUNIER, 6, boulevard des Capucines, un service en toile
              damassée, 24 couverts.
1740 MENSÈGE (Mᵐᵉ), 17, rue Béranger, une pochette tapisserie.
1741 MICHEL (Marius), rue Noailles, à Marseille, un nécessaire porte-
              monnaie.
1742 MIKULSKA (Mme), 64, rue de Clichy, un encrier faïence.
1743 MILLIET (J.), 10 r. Pigalle, carte historique des 2 siéges de Paris.
1744 MILLAUD, Abonnement d'un an au *Petit Journal*.
1745 MOCH (Félix), 44, rue du Temple, deux chapeaux homme.
1746 —   —   une calotte velours violet.
1747 —   —   une calotte brodée.
1748 —   —   une calotte brodée.
1749 MOISE (Mᵐᵉ Jenny), plat Hispana-arabe.
1750 MONGIN fils, à Marseille, rue Grignon, une paire flambeaux à
              deux branches bronze.
1751 MONGIN à Marseille rue Saint-Ferréol, un porte-cigares.

1752 MONGENOL, 4, rue de l'Échiquier, un encrier, monté bronze.
1753 —   —   un flacon à odeur.
1754 MONGINOT (Georges), 4, rue de l'Echiquier, deux petits vases
              en porcelaine.
1755 —   —   deux petits pots en cristal.
1756 MONIER (Mᵐᵉ), 50 rue N.-D.-de-Nazaret, petit panier monté sur
              bronze.
1757 —   —   un presse-papier.
1758 —   —   —
1759 —   —   —
1760 —   —   un médaillon ouvrant
              vermeil.
1761 —   —   —
1762 MONOT et Cᵉ, 66, rue Hauteville, une canette, quatre verres
              et le plateau cristal.
1763 MONTJALIN (la comtesse de), 19, r. Marignan, deux coquillages.
1764 —   —   un chien en faïence.
1765 —   —   un peigne écaille.
1766 à 1768 MONTRAGNANT, 22, rue des Halles, trois chemises de
              flanelle.
1769 MORDILLAT (Mᵐᵉ), 119, rue Saint-Martin, 2 cols guipures.
1770 MORÉ, 23, rue du Mail, une ménagère acier.
1771 —   —   un porte-monnaie ivoire.
1772 —   —   un mouchoir brodé.
1773 MOREAU (frères), 23, r. Rambuteau, un coffret à bonbon.
1774 —   —   une grappe à odeur dans une boîte.
1775 —   —   une paire boucles d'oreilles.
1776 —   —   une paire   —   —
1777 —   —   une paire   —   — cristal.
1778 —   —   une paire   —   —
1779 —   —   une paire de bottines d'enfant.
1780 MOREAU (frères), un plan de Paris et deux brochures.
1781 à 1786 MOREAU (Mˡˡᵉ Adèle), 5, r. de Tournon, *Chiromancie*, 1 vol.
1787 MORELLI, à Marseille, un porte-cigares.
      MONTAGNES-RUSSES (les dames employées aux), 9, f. St-Honoré :
1788 —   une pelote jaune.
1889 —   — rose.
1790 —   deux paquets de chocolat.
1791 —   un verre de Bohême.
1792 —   un p. chaussons laine rouge.
1793 —   une boite à savon.
1794 —   2 coquetiers bois sculpté.
1795 —   un verre   —
1796 —   un porte-montre   —
1797 —   un vase à fleurs   —
1798 —   un baguier.
1799 —   une pièce mignardise
1800 —   un fauteuil de poupée.
1801 —   un ouvrage au crochet.
1802 —   une corbeille anglaise.
1803 —   un porte-cigares.
1804 —   un coquillage.
1805 —   un sac en drap gris.
1806 —   une paire de pantoufles.
1807 —   un éventail Pompadour.
1808 —   deux cols guipure.
1809 à 1810 —   un rond de serviette ivoire.
1811 à 1822 —   une parure brodée, 12 lots.
1823 MOUREAU, 6, rue des Filles-du-Calvaire, un porte-monnaie en
              ivoire.
1824 MOURIER (Mᵐᵉ Vᵉ), 162, rue Saint-Denis, un pot porcelaine,
              mat, bleu et blanc.
1825 MORILLON, 7, rue des Enfants-Rouges, œuf nécessaire albâtre,
              monté sur cuivre.
1826 à 1837 MOUTS (M. Karl des), 6, r. de la Ferme-des-Mathurins, une partition,
              Les larmes d'exil.
1837 *bis*. MOUILLON, 7, rue des Enfants-Rouges, une paire de porte-
              allumettes cristal.

1838 MOSER (Mme), 92 boulevard de la Chapelle, un caraco brodé.
1839 — — guide pour enfant, brodé.
1840 MOREAU, à Marseille, rue des Capucines, dix mètres indienne.
1841 MOUREAU (Mlle), 24, rue de Rivoli, une petite jardinière.
1842 MOUREAU, 6, r. des Filles-du-Calvaire, un porte-monnaie ivoire.
1843 — . — un flacon à odeur avec
bouton doré.
1844 MOUSSY (Martin de), *Description de la Conféd. Argentine*, 3 vol.
1845 — *Confédération argentine*, 1 vol.
1846 MULEUX frères et LELIÈVRE, 14, rue du Grand-Chantier, une
paire rasoirs polis.
1847 — — —
1848 — — —
1849 — — —
1850 — — Neuf cartes boutons acier.
1851 MULLER, à Marseille, rue Paradis, un chapeau chinois.
1852 MULLER (Mme), boulevard Bonne-Nouvelle, une pelote satin
bleu, avec guipure.
1853 MUSSAULT (Mme), 5, rue des Filles-Saint-Thomas, un lot : modes,
parures et coiffures.
1854 M. B. (Mlle), une pelotte.
1855 M. N. M., un service à découper, bronze d'aluminium.

N

1856 NADAILLAC (comtesse de), 17, rue Renouard, un vase bronze.
1857 — — un vase faïence
avec soucoupe.
1858 NAVOSKI, un chalumeau et un microscope.
1859 NERLY, 29, passage Ménilmontant, une jumelle marine avec
étui et courroie.
1860 NEVER (Mlle), 1, rue Demours, un sac brodé perles.
1861 NIEL, rue de la République, à Marseille, une paire potiches.
1862 NICOLAS fils, à Marseille, un moulin à café.
1863 à 1872 NICOU-CHORON, une partition musique Djihan-Ara.
1873 NOBLET, 98, rue Saint-Dominique, deux petites corbeilles avec
divers objets.
1874 — — une pelote.
1875 — — un coquillage.
1876 NELSON (M. et Mme), vase chinois avec supports.
1877 à 1880 NOILLY, PRAT et Cie, id. à Marseille, diverses liqueurs.
1881 et 1882 — — six bouteilles vermuth.
1883 à 1884 — — six bouteilles vermuth.
1885 NORMAND (Alfred), 30, rue N.-D. de Lorette, *architecture des
nations étrangères*.
1886 et 1887 NOUGARIVE, à Marseille, 4 bouteilles vins fins et
2 bout. liqueurs.
1888 NOUVELLES (le directeur du Journal : les), une médaille de
sauvetage argent.
1889 NUGENT (la famille de), 23, chaussée d'Antin, quatre émaux grisailles.
1890 NUMA (Charles), 4, faub. Poissonnière, un petit panier zinc bronzé.

O

1891 OLINET (Paul), 5, rue Christine, une bout. de vin (Côte-d'Or).
1892 OLLION (Mme), 11, r. Garnier, à Neuilly, deux dessous de lampes.
1893 — une pelote satin bleu avec guipure.
1894 OLIVE, à Marseille, un livre de messe.
1895 — id.
1896 OLIVIER (Mme Louis), 8, rue Port-Mahon, un verre cristal gravé.
1897 — — id.
1898 OLLIVIER, 8, rue du Port-Mahon, un coussin de pieds.
1899 ORSE (l'abbé), 11, rue Moulin-de-Beurre, encrier bronze.

1900 OTT (Edouard), 370, rue Saint-Honoré, *les Impôts en France*, 1 v.
1901 — — id.
1902 à 1913 — — *les Impôts en France* et
rimes françaises, 2 vol.
1914 — — *les Impôts en France*.
1915 ORY (Jules), 37, boul. de Strasbourg, une étagère bambou faïence décor.
1916 à 1921 OUVRIÈRES (les) d'un atelier de Montrouge, deux devants
de chemises piqués.

P

1922 PAGNON (Mme), 29, r. Penthièvre, un bracelet de colonies.
1923 PARAGOT (Gustave), boulev. Montparnasse, 2 porte-allumettes.
1924 — — 10 porte-plumes.
1925 PARISOT (Mlle), 55, rue de la Pompe-Passy, œuf magique.
1926 PARAGOT, 81, boulevard Montparnasse, deux porte-allumettes.
1927 PARISOT, 6 boul. de la Chapelle, un porte-cigares de table.
1928 PASCAL (Mlle), 2, r. de Calais, une coupe porcelaine, bois et bronze.
1929 PASCAL (Ed.), 3, r. de la Ferme-des-Mathurins, un exemplaire de chant.
1930 — — —
1931 — — —
1932 PASQUIER (Mme veuve), r. d'Amsterdam, croix d'or.
1933 PASQUIER, 48, faub. Poissonnière, 6 p. de gants pour dames.
1934 PATUREAU (Émile), 2, rue Monsieur-le-Prince, un porte-fleurs,
monture bronze,
1935 PAUL (Eugène), r. Croix-des-Pet.-Champs, une statuette, *la Foi*.
1936 PALTI, à Nevers, une broche.
1937 PALTI (P.), 7, r. Royale, à Tours, deux vases en onyx.
1938 PAVILLÉE, 1, r. Fontaine-St.-Georges, une paire de vases faïence potiche.
1939 PAYEN (Mlle Marie), 127, r. Lafayette, ouvrage au crochet avec rubans.
1940 PELLET, rue de Rome, à Marseille, une botte de thé.
1941 — — éponges fines.
1942 — — une botte de thé.
1943 PELISSIER, à Marseille, r. Besançon, deux cache-pot.
1944 PERRIER-PANH, 14, rue Halévy, une petite casaque.
1945 à 1954 PERRIER, 2 morceaux de musique.
1955 PICARD, 8, rue des Filles du Calvaire, un coucou.
1956 PÉRINOT, 8 bis, cité Trévise, un verre d'eau, gravé. Bohême.
1957 PERNELLET (Mlle), 109, rue Saint-Martin, un presse-papier, *la
Marchande d'enfants*.
1958 à 1969 PERRMET (A.), et D'ASOUR, à Marseille, un vaudeville :
Scrin d'Hortense.
1970 PICARD (Mme), 8, rue des Filles du Calvaire, 1 coucou.
1971 PERDREAUX, 4, rue du Cygne, une broche.
1972 PERNELET, à Arcueil, un panier, violettes artificielles.
1973 — 8 vol. divers.
1974 PERRARD (Mlle), 32, rue Saint-Placide, un panier-bonbonnière.
1975 PERSE, 24, rue de Rivoli, une couverture au crochet.
1976 PERTEIX, 21, r. de la Jussienne, 1 coquetier et cuillère argent.
1977 — — —
1978 PETERS (Mme), 210, faub. St-Antoine, un flacon porcel. décoré.
1979 PETRONILLA-AVIGNON1, 4, r. St-Florentin, broche ivoire sculptée.
1980 — — un coffret ébène.
1981 PICARD, 8, rue des Filles-du-Calvaire, un paquet de crayons.
1982 — — une botte savon.
1983 PICARD, à Montélimart, un œil-de-bœuf.
1984 PIERRET (Mme), 11, rue de Turin, tabatière écaille mosaïque.
1985 — — 2 bottes coco.
1986 — — un presse-papier.
1987 — — une tasse et sa soucoupe porcelaine.
1988 — — un pot à tabac.
1989 — — une botte bonbonnière.
1990 — — une lorgnette dans un étui.
1991 — — un bracelet, un cœur cornaline.
1992 — — 2 petits vases en gré, 1 carnet de bal.
1993 — — un petit pot avec couvercle jaspe.

1994 PIHAN, 342, faub. St-Honoré, une bonbonnière, panier.
1995 PILLAUD (Mme), buire en vieux Venise.
1996 PIMONT, *Voyage en Bretagne* et *Secrets de nos pères*, 2 vol.
1997 PINARD (Mlle), 26, rue Madame, *En Marche*, musique.
1998 — divers morceaux de musique.
1999 à 2000 — — —
2001 PRAGEOT (Mme), 31, galerie St-Marc, un éventail, 2 bobèches.
2001 *bis.* — — —
2002 PINET, 44, rue Paradis-Poissonnière, une choppe, gravée.
2003 — — un coffret, soie et aluminium.
2004 — — une boîte à bonbons.
2005 PINON, 118, r. du Temple, un porte-cigarette, métal blanc.
2006 PINSON, 17, rue Castex, 2 flambeaux, bronze doré.
2007 — 2 chandeliers, bronze.
2008 — 2 flambeaux, bronze.
2009 POIRIER (Mme), 16, rue de l'Arcade, 2 coquetiers sculptés.
2010 — — un porte-cartes de visite.
2011 POIRIER, 16, rue de l'Arcade, un vide-poche, tapisserie.
2012 — — bambou.
2013 — — une boîte chinoise
2014 POITEVIN (Mlle), une épingle, or et pierre.
2015 PONEL, 8, rue Baudin, un tour de cou, plumes de cygne.
2016 PORTANGUEM, à Marseille, une p. souliers Louis XV.
2017 PORLIER (Mme), 3, rue Pont-aux-Choux, un livre de messe.
2018 POTARD (Mme), 27, boulevard des Italiens, un pot à tabac.
2019 POTTIER (Mme), 259, r. St-Denis, un coussin, broderie.
2020 POTOL, *Histoire ancienne*, 14 vol.
2021 POULAIN, 54, b^d St-Germain, une flûte garnie argent.
2022 PRAGEOT (Mme), 21, Galerie Saint-Marc, un éventail, 2 bobèches.
2023 PRÉTÉ, 72, rue Saint-Sauveur, de la *Stratégie*, 7 vol.
2024 PRÉVOT (Mme), 102, r. Legendre, un bouquet artificiel.
2025 PUEL, 22, r. Blomet, Vaugirard, un plat céramique.
2026 à 2035 PALFIERI (Mme), 57, r. Tiquetonne, cadre photographique.
2035 *bis.* P. A. 1, rue Auber, une épingle, boule lapis, monture.
2035 *ter.* P. A. M. — une tabatière, or et buis.
2036 P. A, — une épingle, boule lapis, monture or.
2037 PRÉVOST (Mme), 117, Galerie Saint-Foy, une layette.

R.

2038 RABÈS, 9, rue Lacépède, une croix albâtre.
2039 RACINE, r. St-Ferréol, à Marseille, passe-partout galvano.
2040 à 2139 RAIMBERT (Dr L. A.), à Châteaudun, une brochure : *Du pansement et bandages.*
2140 RAOUL (Mlle), 67, r. Grénétat, 3 vol. religieux.
2140 *bis.* RÉDON, 48, r. Chapon, une croix or.
2140 *ter.* REICHE (Mme), 10, r. du 29 Juillet, une parure brod., col et manch.
2141 — — —
2142 REMODY (Mme), un panier chinois.
2143 — un panier paille.
2144 RENAUD, une montre argent.
2145 — une bague en or, avec médaillon.
2146 — — avec turquoise.
2147 RENAUD-HILAIRE, au château de la Tourtillière, un bon de 12 bouteilles eau-de-vie vieille.
2148 — — —
2149 — — —
2150 — — —
2151 à 2155 RENETTE (Gastine), 39, av. d'Antin, un pistolet.
2156 REYEN, 13, r. de Mulhouse, un verre cristal gravé.
2157 RIBEAUCOURT (Mme de), faub. Poissonnière, une cravache à épée.
2158 RICHARD (J.), 49, r. de Charenton, une boîte bois de Spa.
2159 — une paire de boutons de manche.
2160 — — une broche fantaisie nacre à fleurs.
2161 — — une broche fantaisie nacre à fleurs.

2162 RICHARD (L.), à Alençon, Bon pour une Saison à l'Établissement des eaux Mincio thermales de Bagnoles-de-l'Orne, valeur 350 francs.
2163 — — —
2164 — — Bon pour 100 bouteilles d'eaux minérales, sources au choix du gagnant.
2165 — — —
2166 RICORD (Mme), 10, r. de la Croisade, un presse-papier, avec mosaïque.
2167 RIMBAUD, 21, r. de Chaillot, un camé, *Passage de la mer Rouge.*
2168 à 2175 RIVOIRE frères, à Marseille, diverses liqueurs fines.
2175 *bis.* ROBERT (Mlle), 67, r. Richelieu, trois nœuds de cravate.
2176 ROBERT (Mme), 362, r. St-Honoré, une p. pantoufles, broderie.
2177 ROBILLARD, 13, rue Beautreillis, une papeterie.
2178 ROCHE, 85, r. de Turenne, *Histoire de la Turquie*, 8 vol.
2179 — — *Mœurs de l'Inde*, 2 vol.
2180 ROCHEFORT (Mme), 48, r. d'Anjou, un sachet rose, une bande dentelle.
2181 ROGER, 93, a. des Champs-Élysées, une boîte à crochet en boule.
2182 — — un écran.
2183 ROHMEZ, 23, rue de Choiseuil, une poupée sur pieds.
2184 ROLLANDIN, à Marseille, 5 bouteilles muscat.
2184 *bis.* — — 5 bouteilles muscat.
2185 ROLLET (Mme), 165, r. du Temple, une glace psyché.
2186 ROPIQUET (Mme), à Montreuil, deux dessus tabouret, tapisserie.
2187 — une bande tapisserie.
2188 ROPIQUET (Mme), à Montreuil, un dessus tabouret, tapisserie.
2189 ROULAND (A.), 2 vol. divers.
2190 ROUNARD (Mayan de), à Marseille, 1, r. de la Providence, 6 flacons salaisons.
2191 à 2192 — Quatre flac. salaisons et deux flac. fleurs d'oranger.
2193 ROUSSEAU (H.), 20, r. des Petites-Écuries, *Bibliothèque de la Jeunesse chrétienne*, 1 v.
2194 — — *Le Génie du christianisme*, 1 v.
2195 ROUSSEAU (Mme), 20, r. des Petites-Écuries, tapisserie pour chaises.
2196 — — une petite tabatière en écaille.
2197 à 2204 ROULET et CHAPONNIÈRE, à Marseille, un paquet de savon.
2204 *bis.* ROULET, à Marseille, une tasse porcelaine.
2205 ROUX-NOUQUET (Mme), 25, r. Neuve-St-Augustin, un panier paille japonaise.
2206 ROUTIER et BERTRAND, 158, r. Montmartre, un bouquet, fleurs artificielles.
2207 ROUX, 25, r. Nve-St-Augustin, une paire de pantoufles fantaisie.
2208 à 2215 ROUX (Charles), à Marseille, un paquet de savon.
2216 REY et Cie, 6, rue Canebière, à Marseille, un coffret à bijoux en métal.
2217 RUELLE (Mme), 8, pl. Vintimille, un petit carnet.

S

2218 SAFFRAY (Mme), Vaugirard, deux coquillages.
2219 SAINTE et BOYER, à Marseille, rue Paradis, une chaise pliant.
2220 SALLANDROUZE et LAMOULLET, id. rue Saint-Ferréol, un tapis.
2221 SALOMON, 43, rue aux Ours, un médaillon émaillé.
2222 SAINT-SIMON (P. de), 17, rue Vintimille, 1 vol. *Picciola.*
2223 à 2246 SAMINSKI, une brochure : *Catéchisme à l'usage des jeunes républicains.*
2247 SARTIGUES (de), 49, rue de Bercy, un hochet d'enfant, argent.
2248 SAUSSAY, 6, rue Montaigne, un pot à tabac.
2249 — — un encrier monté sur bois noir.
2250 — — un encrier bronze.
2251 à 2254 SAUSSAYE (L.), 41, r. de Laval, *l'École de l'accompagnement*, 1 v.
2255 SCHWAB, 36, rue Duret, une locomotive carton avec mécanique.
2256 SCHINDLER, faubourg Saint-Antoine, un guéridon.

2257 SÈVRES (Mᵐᵉ), 17, rue Thévenot, un dessus de tabouret au crochet.
2258 à 2267 SICARD (le docteur), à Marseille, *Traité de la canne à sucre*, 2 vol.
2268 SINGER et Cⁱᵉ, 9, rue d'Argenteuil, un encrier bois et bronze.
2269 SIVINSKA (Mᵐᵉ), 106, faubourg Saint-Honoré, une fanchon.
2270 — — deux collerettes.
2271 SMITTER, 34, rue Amelot, un tire-bouchons.
2272 SNIDER (A.), 5 vol. divers.
2273 SOCIÉTÉ DE LA RUCHE, *Le Gladiateur*, 2 vol.
2274 SŒURS PARISIENNES INFIRMIÈRES, *Les fastes de Versailles*, 1 v.
2275 SŒURS PARISIENNES du 2ᵉ arrondissement, une paire écrans.
2276 — — une suspension, monture bronze.
2277 SORMANI (Paul), 10, rue Charlot, un porte-cigares de table à musique.
2278 — — une jardinière.
2279 et 2279 bis. — deux papeteries garnies.
2280 à 2285 SOUPÉ (Ch.), 38, rue des Gravilliers, une cravache.
2286 à 2287 SUBE et CHAPPAZ, à Marseille, six bouteilles vermuth.

T

2287 bis. TALON-GIROLO, 82, avenue du Maine, un bonnet d'enfant.
2287 ter. TARDIVEAU, 4, r. Pasquier, une coupe verre Bohème et bronze.
2288 TARDIVEAU (Mᵐᵉ), un verre de Bohème.
2289 TARDIVEAU, 4, r. Pasquier, *Semaine des Enfants*, 2 vol.
2290 — — *La vie des Saints* (Kellerhoven).
2291 — — un cygne vide-poche.
2292 TARBUCKI, *Nos ennemis et nos alliés*, 1 vol.
2293 TARCY (Mᵐᵉ), rue de Cité, un flageollet.
2294 TARIN, 9, place des Petits-Pères, 6 flacons fer soluble.
2295 TAVEL, 82, boulev. Sébastopol, un nécessaire garni.
2296 TAVENET (Mᵐᵉ veuve), une boîte de pistolets de voyage.
2297 TAVERNIER, 11, rue Aubert, un couteau chinois ivoire.
2298 TESTELIN (Mᵐᵉ), 10, rue Neuve-des-Augustins, un mantelet de dentelles.
2299 THOREL (Mᵐᵉ), un bénitier en bronze doré.
2300 THONNIN, 10, r. Beautreillis, une paire de flambeaux bronze doré.
2301 TOURNAY, 61, faub. St-Denis, un vide-poche monté en bronze.
2302 — — un vase.
2303 — — 2 vases porcelaine et bronze.
2304 — — — montés sur bronze.
2305 — — un vide-poches, cristal gravé.
2306 — — une coupe à bijoux avec glace.
2307 — — 2 œufs, verre bleu, mont. bronze.
2308 — — un œuf porcel. monté sur bronze.
2309 — — un porte-montre avec vide-poche.
2310 — — un œuf cristal monté bronze.
2311 TOURETTE, 173, rue St-Denis, un coffret avec flacon.
2312 TOURETTE (Mᵐᵉ), 173, rue St-Denis, un porte-monnaie nacre.
2313 — — une pochette tapisserie.
2314 — — un dessus d'oreiller.
2315 — — un coussin au crochet.
2316 TOURTE (François), 53, rue de Rivoli, *Les deux Turenne*.
2317 — — *Le Dilettante d'Avignon*.
2318 — — 3 volumes divers.
2319 — — 3 —
2320 — — 4 morceaux de musique.
2321 — — 4 —
2322 — — 4 —
2323 — — 4 —
2324 — — 4 —
2325 — — 3 —
2326 — — 3 —
2327 — — 5 —
2328 — — *Les deux Turenne* (opér.)
2329 — — *L'Héritage du postillon.*

2330 TRAUTMANN-JAELL, à Genève, un bracelet or.
2331 TUILLIER (Mᵐᵉ), 12, rue de la Victoire, 2 tasses et soucoupes porcelaine.
2332 à 2341 TRINQUART. 10, rue Port-Mahon, bon de photog., valeur 30 fr.
2342 TROUILLET (Hubert), 102, bᵈ Sébastopol, une pet. bonbonnière nac.
2343 TROUILLET (Mᵐᵉ Louise), 102, bᵈ Sébastopol, une bonbonnière.
2344 — — une broche or et onyx.
2345 — — une p. boutons or et roses.
2346 — — breloques en malachite.
2347 — — un cachet vieil argent.
2348 TURGIS (Mᵐᵉ), 33, r. Rambuteau, une boîte conten. broche, boucles d'oreilles et boutons de manch.
2349 — — —
2350 — — —
2351 — — 2 médailles étain.
2352 THIERRY (Auguste), à Marseille, *Récits des temps mérovingiens*, 1 v.
2353 TRICHON, — rue de la Daise, un flacon arnica.
2354 TURIN, à Marseille, r. St-Ferréol, papeterie en cuir de Russie.

V

2354 bis. VACOSSIN, 33, r. Baubourg, un collier, perles blanches, 3 épingles.
2354 ter. — — une broche, une paire boucl. d'oreilles.
2354 quater. — — un petit nécessaire complet, un bénitier.
2355 — — une boîte, un porte-monnaie, une tabat.
2356 — — un bénitier avec sujet encadré.
2357 — — un nécessaire, une pelote ivoire, un collier et une boîte.
2358 — — un porte-monnaie et une tabatière.
2359 — — — —
2360 — — et un carnet.
2361 — — une boîte, nécessaire garni.
2362 — — un porte-feuille et un porte-monnaie.
2363 — — un carnet et un porte-monnaie.
2364 — — une blague à tabac et une tabatière.
2365 — — une boîte, un carnet et une tabatière.
2366 — — un sac de dame, cuir verni.
2367 — — une boîte, un porte-monn. et tabatière.
2368 — — une boîte et une tabatière.
2369 — — un porte-cigares cuir anglais.
2370 — — une boîte, un porte-monnaie.
2371 — — un carnet.
2372 — — une vierge et une broche.
2373 — — une épicerie d'enfant.
2374 — — deux paniers cuir bouilli.
2375 — — une tabatière.
2376 — — une brosse de table.
2377 — — un buvard à mains.
2378 — — un couvert à salade caoutchouc.
2379 — — — —
2380 — — — —
2381 — — un carnet et une tabatière en bois.
2382 — — un carnet et un porte-monnaie.
2384 — — une paire boucles d'oreilles.
2385 — — trois camées.
2386 — — un bracelet, un porte-monnaie.
2387 — — une vierge et médaillon religieux.
2388 — — une tabatière, un porte-monnaie.
2389 — — — —
2390 — — un cadre, bois sculpté.
2391 — — —
2392 VACHANRIE, à Marseille, *Revue de Marseille*, 5 vol.

2393 VALENTI, 2 morceaux de musique.
2393 *bis* —   —
2394 à 2396 VALETTE,   —   4 bouteilles Porto 1860.
2397 à 2398   —   —   6 bout Xérès 1860.
2399 à 2401   —   —   4 b. Malaga.
2402 à 2404   —   —   3 bout. Marsala.
2405 à 2416 VALOIS, 27, rue Lepic, *Le docteur André et Maurice Hamel*, 2 vol.
2417 VANNIER (Gustave), 18, rue Crozatier, un signet avec peinture.
2418   —   —   une boucle et 2 broches.
2419   —   —   un flageollet.
2420   —   —   un buvard.
2421 à 2520 VARREUX (Mlle Célestine de), 1 vol. *poésies*.
2521 VATTARD (Mme), 210, faub. St-Antoine, une p. vases en biscuit.
2522   —   —   Un tapis de pieds.
2523 VEDIÉ et Ce, 39, rue Palestro, un parapluie à manche écaille.
2524 VENÉZUELLAN, 7, rue Rougemont, un hamac indien.
2525 VERDIER, 17, b^d de la Madeleine, une canne jonc, pomme dorée.
2526 à 2558 VERIMST, morceaux de musique.
2559 VENTRE, à Marseille, un almanach comparé.
2560   —   —   —   nouveau.
2561 VERNEAUX, une paire pantoufles bleues, brodées d'or.
2562   —   2 blouses, 2 cottes, 2 chemises.
2562 *bis*. —   2 blouses, 2 cottes, 2 chemises.
2563   —   —   1 chemise.
2564   —   —   —
2565 à 2570 VERNAY, quai des Grands-Augustins, poésies Nationales.
2571 VÉRY fils, 19, boul. des Italiens, deux porte-bouquets, bronze.
2572   —   —   un aquarium, porcel. bronze.
2573   —   —   un presse-papier, vélocipède.
2574   —   —   un porte-allumettes.
2575 VÉRY fils, 19, b^d. des Italiens, un pot à tabac suj. chasseur.
2576   —   —   —   sac 1,000 fr.
2577   —   —   un porte-montre, monté sur bronze
2578   —   —   un porte-allumettes, bronze.
2579   —   —   une p. jardinière bois noir.
2581   —   —   une glace oxidée.
2582   —   —   éléphant et tigre pot à tabac.
2583   —   —   un porte-montre, porcelaine et bronze.
2584 VEUGRASSAT (Mme), 64, r. Montmartre, une étagère en marbre blanc.
2585 VEVERS (Mlle), 1, rue Nemours, un sac brodé perles.
2586 VEZZIN (M.-D.-J.), 30, rue des Ecoles, un tapis oriental.
2587 VIALET, 21, rue Bréda, un petit vase porcelaine, un porte-allumettes écossais.
2588 VIAS, à Marseille, rue Noailles, 12 paires chaussettes.
2589 VIÉ (Henri), 16 bis, rue Censier, une pharmacie portative, en maroquin rouge.
2690   —   —   en cuir vert.
2591   —   —   en cuir noir.
2592 VIGNOL, 63, rue de Rome, un vase, faïence artistique.
2593   —   —   un vase faïence.
2594   —   —   une jardinière.
5295 VILCOQ, 10, rue Rochechouart, *Le peuple*, 1 vol.

2596 VILCOQ, 10, rue Rochechouart, *La voix du peuple*, 1 vol.
2597 VILLECOQ, 102, r. Rochechouart, *Encyclopédie Nouvelle*, 1 vol.
2598 VILLENEUVE, rue Saint-Honoré, *Album photographique*, 1 vol.
2599 VINATY, 15, rue des Petites-Écuries, 2 vide-poches, broderie forme pantoufles.
2600 VINCENT (Mme), 16, r. Chaudron, un devant de chemise brodé.
2601 VIRGILLE (Mme de), 20, r. Lafitte, un porte fleurs cristal, monté sur bronze.
2602   —   —   un beurrier cristal.
2603   —   —   un pot à lait, porcelaine avec fleurs.
2604   —   —   une bonbonnière cristal.
2605   —   —   Deux pots, porcelaine.
2606   —   —   un coffret alluminium.
2607 VISCH, (Auguste), 10, rue Noblet, *Les femmes de la bible*, 2 vol.
2608   —   —   —
2609 VITRY (Mlle), 347, rue Saint-Denis, un paquet de glands.
2610 VIVANTI, 35, rue Vivienne, une petite croix algérienne.
2611   —   —   —

W

2612 WERNER (E.), 22, r. du Louvre, deux vases en la faïence miniature.
2613 WILLEMS, 2, r. des Enfants-Rouges, *Livre d'or des peuples*, 1 vol.
2614 WUILLERME, un encrier porcelaine, une pelote sur bois découpé.
2615 WYNSBERGHE, 83, rue Saint-Maur, un presse-papier, bronze.
2616 WENT, à Marseille, un album, dessein d'ornement.

Z.

2617 ZADECK, 6, rue Béranger, une ombrelle.
2618 ZADIG, 47, r. des Pet'tes-Écuries, tabatière.
2619   —   —   un cache-pot.
2620   —   —   une paire de vases blancs.
2621   —   —   un étui à aiguille formant parapluie.
2622   —   —   une pelote pépins, surpieds.
2623   —   —   une boîte à bonbons, cuir de Russie.
2624   —   —   une pelote boîte, forme pantoufle.
2625   —   —   une pelote écossaise.
2626   —   —   une pelote taffetas.
2627   —   —   un bouquet, violettes artificielles.
2628   —   —   deux flacons d'odeur.
2629   —   —   un album, *le Diadème*.
2630 à 2634 ZALAGUIER, à Marseille, r. des Capucines, une douzaine mouchoirs.
2635 ZEBEAUME (Jacques), 30, rue de Trévise, une pierre malachite.
2636 à 2647 ZIEGLE, 31, r. des Jeûneurs, lingerie, cols et manches.
2648 ZIEM fils, à Marseille, 12 paires bas de femme.

SUPPLÉMENT

VILLE D'ORLÉANS ET DÉPARTEMENT DU LOIRET

(Dons recueillis par M. FROT, délégué de la *Loterie Nationale* pour le département du Loiret.)

A

1 ABOVILLE (le Cte d'), député du Loiret, un écrin contenant un service à découper et un service à salade en argent.
2 ACADÉMIE DE SAINTE-CROIX, *Œuvres de Monseigneur Dupanloup*.
3 ALÈS (le Vte Raoul d'), une boîte à thé.
4 ANONYME, une broche.
5 — un Christ en bois sculpté.
6 — un encrier marbre et bronze.
7 — un passe-thé.
8 — un porte-cigare.
9 — ....
10 — un tapis haute-laine.
11 ANTIGNA, à Paris, *Tête de jeune fille*.
12 ANTIGNA (Mme), à Paris, *Scène de contrebandiers*.
13 AUBER, rue de la Recouvrance, à Orléans, une étagère.
14 AUVRAY, drageoir faïence d'Ulysse de Blois.
15 AUVRAY (Mme), deux vases, porcelaine.

B

16 BAR (de), à Paris, un dessin, crayon.
17 BATAILLE père (Désiré), rue Jeanne-d'Arc, à Orléans, *Monseigneur Darboy*, terre cuite.
18 BATAILLE fils (Gustave), rue Jeanne-d'Arc, à Orléans, *M. l'abbé Deguerry*, terre cuite.
19 BATAILLE (Mme) rue Jeanne-d'Arc, à Orléans, un coffret.
20 BEAUCORPS (Max de), *Histoire de Jeanne-d'Arc*.
21 BERTRAND (Mme Jules), un encrier en bronze.
22 BOUCHER (Mme), rue des Noyers, à Orléans, *Deux ans de navigation*, 1 volume.
23 BOUCHER (Mme), rue des Noyers, à Orléans, une tasse en porcelaine de Chine.
24 BOUSSION (Mme), un cache-pot, faïence de Gien.

C

25 CABROL, rue Royale, à Orléans, un foyer, haute-laine.
26 CARETTE (Mme), *Peinture à l'huile*.
27 CERCLE ORLÉANAIS, une coupe bronze doré.
28 CHAFFIN (Lorin de), à Beaugency, un coussin.
29 — — — pot à tabac en terre émaillée.

30 CHAROY, rue Bannier, à Orléans, un guéridon porcelaine.
31 CHIQUAND (Mme), Marché aux veaux, à Orléans, glace façon Venise.
32 CHOUPPE, rue d'Illiers, à Orléans, une aquarelle.
33 COCHERY, député du Loiret, coupe, bronze.
34 COLLIN (Mme), *bouquet de fleurs*, aquarelle.
35 COLOT, rue Parisis, à Orléans, un vase faïence ancienne.
36 COMITÉ ÉVANGÉLIQUE, une bible.
37 CRESPIN, député du Loiret, étagère à galerie, bronze doré.

D

38 DAMES DU SACRÉ CŒUR, *Œuvres de Bossuet*, 2 vol. illustrés.
39 DELAIRE (Mme), rue Royale, à Orléans, un vase garni de fleurs.
40 DELORME, rue de la Lionne, à Orléans, une coupe, bronze.
41 DESNOYERS (l'abbé), porcelaine ancienne de Fontainebleau.
42 DREUZY (de), quai Cypierre, glace genre Louis XIII.
43 DUREAU (Mme), vases faïence de Gien.
44 DUPANLOUP (Mgr), évêque d'Orléans, une pendule bronze doré.

G

45 GATINEAU, rue Jeanne d'Arc, à Orléans, reproduction photographique des bas-reliefs de la statue équestre de Jeanne d'Arc.
46 GASTINES (de), *Les Peintres célèbres*, 1 vol.
47 GEOFFROY, à Gien, deux bonbonnières, faïence de Gien.
48 — — — — — —
49 — — — — — —
50 — — — — — —
51 — — — — — —
52 — — un bougeoir — —
53 — — — — —
54 — — deux brûle-cigares — —
55 — — — — — —
56 — — — — — —
57 — — trois — — —
58 — — — — — —
59 — — un cache-pot. — —
60 — — — — — —
61 — — deux — — —
62 — — — — — —
63 — — — cornets. — —
64 — — — — — —
65 — — — — — —
66 — — — — — —

67 GEOFFROY, à Gien, un encrier, faïence de Gien.
68 — — deux épingliers. —
6 — — — flambeaux. —
70 — — — jardinières —
71 GIGOT, préfet du Loiret, un bronze, par J. Mène.
72 GRAMAIN (Mme), une aquarelle.
73 — —
74 GUÉRIN-BONNIN, rue de la Vieille-Poterie, à Orléans, un service à découper, en argent.
75 GUISELIN (Mme), rue Jeanne-d'Arc, à Orléans, une coupe, Sèvres, bronze doré.

H

76 HARCOURT (d'), député du Loiret, Coupe, onyx et bronze doré.
77 HAZARD (E.), une boîte à jeu avec jetons en argent.
78 HERLUISON, 17, rue Jeanne-d'Arc, à Orléans, *Histoire de l'abbaye de Saint-Benoist-sur-Loire.*
79 HUET, un verre d'eau.

I

80 IMBAULT, (Léonce), Dessin au crayon.
81 IMBAULT architecte), une gouache.
82 — —

L

83 LANSON, rue de Bourgogne, à Orléans, une terre cuite.
84 LATOUR-DU-MOULIN, une coupe, verre de Bohême et bronze doré.
85 LECOMTE, *Biographie des contemporains*, 5 vol.
86 LESOURD (Am.), rue Bretonnerie, à Orléans..............
87 LEVEAU (Mme), boul. Saint-Jean, à Orléans, Pot à tabac, en laque incrusté.
88 LOISEAU, Dessin à la plume.
89 LOMBARD, rue Bannier, à Orléans, photographies.
90 LYCÉE D'ORLÉANS, aquarelle de M. Chouppe.

M

91 MASSON, rue Royale, à Orléans, *Les femmes illustres de l'Europe*, 1 vol.
92 MASSY (de), rue de l'Evêché, à Orléans, Aiguière, faïence de Gien.
93 MÉDINA (Mme la D^{sse} de), rue Jeanne-d'Arc, à Orléans, deux porte-bouquets.
94 MICHAU (Mme), rue de la Vieille-Poterie, à Orléans, tête-à-tête porcelaine anglaise.
95 MOLANDON (Boucher de), rue Saint-Pierre-Lustin, à Orléans, une terre cuite.
96 MONCEAU, rue de l'Evêché, à Orléans, *Madeleine repentante*, terre cuite.
97 MOROGUES (Ach. de), rue Bretonnerie, à Orléans, une étagère.

O

98 O'HANTON (Miss Harriett), une aquarelle.
99 — — —
100 — — un atlas ethnographique.
101 — — un coussin en tapisserie.
102 — — un encrier cristal, et bois durci.

P

103 PATAY (le D^r), 13, rue des Grands-Ciseaux, à Orléans, service à salade en argent et ivoire.

104 PATAY (Mme), 13, rue des Grands-Ciseaux, à Orléans, une bague en or.
105 PENSÉE (Mlle), 13, rue Bretonnerie, à Orléans, une aquarelle.
106 PETAU, député du Loiret, rue d'Angleterre, à Orléans, une botte à gants.
107 PIED, rue de l'Évêché, à Orléans, une statuette.
108 PIÉDOR, deux volumes illustrés.
109 PIERRE (Mme Ch.) Place du Martroi, à Orléans, une coupe, bronze.
110 PILLON, six dessins à la plume.
111 POUCIN, rue des Grands-Ciseaux, à Orléans, un verre d'eau.
112 PROUST-MICHEL, coupe, porcelaine et bronze doré.
113 PUYVALLÉE (Mme Alfred de), table à ouvrage, laques et bambou.
114 — — *Vache allaitant son veau*, de J. Mène.
115 — (Albert de), *Jeanne Hachette*, terre cuite.

R

116 RANCOURT DE MIMÉRAND, un brûle-cigare, faïence peinte.
117 RATOUIS (Paul), à Saint-Jean-le-Blanc, plat, faïence de Gien.
118 RICHER (Mme), deux vases en porcelaine,
119 RICHOU, rue Bannier, à Orléans, photographies.
120 ROCHEPLATTE (Mme la C^{sse} de), un verre d'eau.
121 ROUGÉ-BOURDONNEAU, rue de la Hallebarde, à Orléans, un dessus de table.
122 — — — — —
123 — — — — —
124 ROUSSELET (Mme), faïence ancienne.

S

125 SAINJON (Mme), rue des Bouteilles, à Orléans, dessin ou crayon par A. de Bar.
126 SAINTE-MARIE (de), rue des Fauchets, à Orléans, un tableau, encre de Chine.
127 SAINTOIN (Eug.), chocolat.
128 SAVART, à Beaugency, *Fables de La Fontaine.*
129 SÉJOURNÉ, *Contes de Perrault*, illustrés par Gustave Doré.
130 SÉMINAIRES (les), *Bible de Mame*, illustrée par Gustave Doré, 2 vol.
131 SOCIÉTÉ D'ARCHÉOLOGIE, Statue de Jeanne d'Arc, bronze.
132 — D'HORTICULTURE, *Les Jardins*, par A. Mangin.
133 — DES SCIENCES, une aquarelle, par Pensée.
134 SŒURS DE ST.-MARCEAU, rue St.-Marceau, à Orléans, un bénitier.
135 — — — — des bénitiers.
136 — — — — 2 porte-cartes.
137 — DE LA VISITATION, faubourg Bannier, à Orléans, *Semaine religieuse.*

T

138 THÉSAC (Mme de), tasse, soucoupe et assiette.
139 THIERCELIN (Mme), une petite table en marqueterie.
140 TOUANNE (le baron L. de la), rue du Petit-Mail, à Orléans, faïence peinte, (Pichet).

V

141 VANZELLES (de), fontaine, faïence ancienne.
142 VIGNAT (E.) à Boigny, *Corinne au cap Misène*, d'après Gérard, gravé par Prévost.
143 VILLE D'ORLÉANS, peinture à l'huile du musée d'Orléans,

www.ingramcontent.com/pod-product-compliance
Ingram Content Group UK Ltd.
Pitfield, Milton Keynes, MK11 3LW, UK
UKHW021630130726
13696UKWH00005B/2113